Werner Wiater

Prüfungswissen – Basiswissen Schulpädagogik

Unterrichtsprinzipien

Auer Verlag

Gedruckt auf umweltbewusst gefertigtem, chlorfrei gebleichtem
und alterungsbeständigem Papier.

5. überarbeitete Auflage 2012
Nach den seit 2006 amtlich gültigen Regelungen der Rechtschreibung

Satz: Auer Buch + Medien GmbH, Donauwörth
Druck und Bindung: Kessler Druck + Medien GmbH, Bobingen
ISBN 978-3-403-**03617**-3

www.auer-verlag.de

Inhalt

Einleitung

Zum schulpädagogischen Begriff „Unterrichtsprinzip“

Ein Unterrichtsprinzip ist ein Grundsatz für erfolgreiches und qualitätsvolles Unterrichten. Da aber Unterricht ein Interaktionsgeschehen ist, sein Erfolg also weder völlig planbar noch sicher herstellbar ist, können alle, in der schulpädagogischen Fachliteratur vorfindlichen Grundsätze für die Unterrichtsgestaltung nur wohl begründete Handlungsanregungen für den Lehrer und die Lehrerin sein. Werden sie eingehalten, dann vergrößert sich die Wahrscheinlichkeit, dass Unterricht gelingt, nach didaktischen Gütekriterien qualitätsvoll ist und die Schülerinnen und Schüler an den vorgeplanten Unterrichtsinhalten mit Hilfe der verwendeten Unterrichtsmethoden und Unterrichtsmedien die angestrebten Unterrichtsziele auch tatsächlich erreichen.
Außer dem Begriff „Unterrichtsprinzip“ finden sich in der Fachliteratur noch andere Bezeichnungen für die gemeinte Sache: Unterrichtsgrundsätze, Prinzipien effektiver Unterrichtsgestaltung, Bildungsprinzipien, didaktische Prinzipien, Prinzipien guten Unterrichts, Grundsätze unterrichtlichen Handelns u. Ä.
Welchen Sinn und welche Bedeutung Unterrichtsprinzipien haben, erhellen Umschreibungen wie die folgenden aus Büchern, Aufsätzen und Lexikonartikeln. Unterrichtsprinzipien sind:

relativ allgemeine Aussagen, knappe Handlungsanweisungen, handlungsleitende Grundsätze der Unterrichtsgestaltung, Regulative, Forderungen an die methodische Gestaltung des Lehr-Lern-Prozesses, weder Regeln noch Unterrichtsrezepte, Bestimmungsfaktoren des Unterrichts, generalisierte Verfahrensweisen mit regulativer Funktion, Richtlinien – nicht Muss-Vorschriften für pädagogisch-didaktische Entscheidungen, Maßgaben zur Regulierung des Unterrichts im Hinblick auf die Bildung, Bestimmungsfaktoren des Unterrichts, didaktische Entscheidungsorientierungen für den Lehrer/die Lehrerin, praxeologische Aussagen zur Gestaltung von Lehr-Lern-Prozessen, Legitimationsmöglichkeit für Unterrichtsmaßnahmen.

Eine kurze Analyse von Büchern, Aufsätzen und Lexikonartikeln aus den letzten Jahren zum Stichwort „Unterrichtsprinzipien“ führt zu einer recht langen und uneinheitlichen Liste. Als Unterrichtsprinzipien werden vier verschiedene Kategorien von Grundsätzen bezeichnet:

- solche, die allgemein oder auch konkret die Unterrichtsgestaltung in allen Schulfächern betreffen,
- solche, die fachdidaktische oder methodische Besonderheiten bestimmter Schulfächer bezeichnen,
- solche, die einzelne Unterrichtsmethoden zum Prinzip erheben, und
- solche, die als grundsätzliche Aufgaben oder Bildungsanliegen der Schule in allen Fächern berücksichtigt werden sollen.

Die Liste dieser Unterrichtsprinzipien umfasst zudem Beispiele, die zu unterschiedlichen Epochen der Schulgeschichte formuliert werden.

Grundsätze für die Unterrichtsgestaltung

- Verstehen von Lernstoffstrukturen
- Fächerübergreifender Unterricht
- Mehrperspektivität
- Situationsbezogenheit
- Systemorientiertheit
- Antizipation
- Zielorientierung
- Wissenschaftsorientierung
- Passung
- Selbsttätigkeit
- Anschaulichkeit
- Angemessenheit
- Sachgemäßheit
- Differenzierung und Individualisierung
- Lernerfolgskontrolle
- Erfolgssicherung
- Anschaulichkeit
- Motivierung
- Interessenweckung
- Lebensnähe
- Kindgemäßheit
- Selbsttätigkeit
- Handlungsorientierung
- Konzentration
- Synthese
- Leistungsfeststellung
- Leistungsbewertung
- Sicherung

Besonderheiten des Fachunterrichts

- Synthese
- Einsprachigkeit
- operatives Üben
- Bibelorientierung

Allgemeine Anliegen der Schule

- Sprachpflege/Sprachbetrachtung
- mathematisches/ naturwissenschaftliches/ technisches Denken
- Umwelterziehung
- Medienerziehung
- Sexualerziehung
- Wissenschaftlichkeit
- Effektivität
- Kontrollierbarkeit
- Informationstechnische Grundbildung
- Verkehrserziehung
- Nachhaltigkeit

Einzelmethoden

- entdeckendes, problemlösendes Lernen
- produktives, kreatives Denken
- Elementarisierung
- Anschaulichkeit
- Realitätsbezug
- Praxisnähe
- Aktualität
- Erfahrungsbezogenheit
- Projektorientierung
- Exemplarität
- Lernzieloperationalisierung
- Konzentration

Im Folgenden wird eine Auswahl getroffen. Es wird nur dann von einem „Unterrichtsprinzip" gesprochen, wenn es sich – bei aller unterschiedlichen Akzentuierung im Einzelnen – um eine grundsätzliche Forderung an den Schulunterricht von heute handelt, die

- in jedem Unterrichtsfach, jeder Jahrgangsstufe und jeder Schulart Gültigkeit hat

- dem heutigen Bild vom lernenden Menschen entspricht und dem gegenwärtigen schulischen Erziehungs- und Bildungsziel der mündigen Schülerpersönlichkeit dient
- sich mit wissenschaftlichen Argumenten begründen lässt und auf realanalytische Aussagen (d. h. auf in der Praxis erprobte und überprüfte Wenn-Dann-Aussagen) zurückgeführt werden kann.

Daraus ergibt sich als Begriffsbestimmung:

> Unterrichtsprinzipien sind für alle Fächer geltende Grundsätze oder Handlungsregeln der Unterrichtsgestaltung. Ihre Beachtung vergrößert und sichert die Effizienz und die Qualität des Unterrichts.

Bei den nunmehr in Frage kommenden Unterrichtsprinzipien muss zwischen Grundsätzen unterschieden werden, die für den heutigen Schulunterricht insgesamt grundlegend sind, und solchen, die bei der methodischen Gestaltung des Unterrichts unbedingt beachtet werden sollen. Erstere werden *fundierende Unterrichtsprinzipien* oder konstitutive Unterrichtsprinzipien genannt, insofern sie als eine Art formale, allgemein gültige Anforderung guten und erfolgreichen Unterrichts gelten; sie sind gewissermaßen Basisgrundsätze. Letztere können als *regulierende Unterrichtsprinzipien* oder als Prinzipien der methodischen Gestaltung des Unterrichts bezeichnet werden, da sie um der Qualität und Effektivität des Lehr-Lern-Prozesses willen vom Lehrer/von der Lehrerin bei der Planung und der praktischen Umsetzung des Unterrichts grundsätzlich bedacht und berücksichtigt werden sollten; sie betreffen also die materiale Ausführung und Ausgestaltung von Unterricht. Die konstitutiven Unterrichtsprinzipien bilden das Fundament für die Prinzipien der methodischen Gestaltung des Unterrichts. Dabei beruht die Auswahl und Legitimation der folgenden Unterrichtsprinzipien auf zwei Grundannahmen, einer über das, was guten Unterricht ausmacht, und einer darüber, was effektiver Unterricht ist. Nach heutigem schulpädagogischen Verständnis entscheidet sich die Qualität des Unterrichts daran, ob er – in Übereinstimmung mit den Lehrplanvorgaben und dem Schulprogramm – der Sachstruktur des Lerninhalts, den persönlichkeitsfördernden Zielsetzungen, der Ausgangslage und den Besonderheiten der Lerngruppe sowie den sich daraus ergebenden Methodenimplikationen gerecht wird und in einer lernfördernden, die Individualität des Schülers akzeptierenden Atmosphäre verläuft. Effektiv ist ein solcher Unterricht, wenn er bei den Schülerinnen/Schülern zum erwarteten Lernzuwachs führt, diese also die Lehrziele des Unterrichts zu Zielen ihres Lernenwollens machen; das hängt aber wesentlich davon ab, ob im Unterricht die kognitionstheoretisch-konstruktivistischen Erkenntnisse über den Lernvorgang beim Kind/Jugendlichen berücksichtigt sind, und ob die intendierten Lernerfolge bei der Selbst-, Sozial- und Sachkompetenz der Schülerinnen/Schüler systematisch aufgebaut und gesichert wurden.

Unterrichtsprinzipien stehen in der Didaktik zwischen Unterrichtskonzeptionen (Unterrichtsformen wie Lehrergesteuerter/s Unterricht/Lehren als direkt gesteuerte Unterweisung, Offener/s Unterricht/Lehren als indirekt gesteuerte Unterweisung, Lehrer-Schüler-gesteuerter/s Unterricht/Lehren als kooperative Steuerung) einerseits und Unterrichtsmethoden (wie Frontalunterricht, Gruppenunterricht, Lehrerfrage, Unterrichtsgepräch, Spiel, Brainstorming, Mindmapping usw.) andererseits. Als Grundsätze sind sie diesen vorgeordnet und gelten als Entscheidungskriterien bei deren didaktischer Auswahl.

I. Fundierende Unterrichtsprinzipien

Unterrichten ist ein interaktives Handeln, bei dem einer bestimmten Zielgruppe ausgewählte Sachverhalte so vermittelt werden müssen, dass diese sie sich lernend aneignet. Dieser Vorgang wird seit J. F. Herbart († 1841) mit dem so genannten Didaktischen Dreieck aus Lehrer – Schüler – Stoff veranschaulicht. Dem unterrichtenden Lehrer/der unterrichtenden Lehrerin kommt darin die Aufgabe zu, didaktische (und pädagogische) Überlegungen anzustellen und zu realisieren, damit es beim Schüler zu einer bildenden Auseinandersetzung mit der Sache kommt. Das gelingt nur, wenn der Lehrer/die Lehrerin

- der Zielgruppe gemäß unterrichtet, sich dabei also an den Schülerinnen und Schülern orientiert
- die Sachverhalte fachwissenschaftlich korrekt und sachgerecht präsentiert, sich dabei also an der Sache orientiert
- dem handelnden Umgang der Schüler mit der Sache Rechnung trägt, da Lernen dem heute favorisierten konstruktivistischen Lernbegriff entsprechend eine selbst gesteuerte Aktivität des Lerners ist, sich dabei also am Handeln orientiert.

Schüler, Sache und Handlung sind demnach fundierend oder konstitutiv für den Schulunterricht. Sie hängen wechselseitig voneinander ab. Sich an ihnen zu orientieren, ist eine übergeordnete grundsätzliche Forderung. Denn Schülerorientierung, Sachorientierung und Handlungsorientierung machen erst Schulunterricht zu dem, was er sein soll. Infolgedessen sind diese drei Grundsätze allen Unterrichtsprinzipien, die bei der konkreten Planung von Unterrichtsstunden zu beachten sind, vor- und übergeordnet. Sie bilden deren Grundlage, sind für diese fundierend.

1. Schülerorientierung

Als Grundsatz für die Unterrichtsgestaltung verbindet sich die Schülerorientierung insbesondere mit der Reformpädagogischen Bewegung (1880/90–1933) und ihrem Programm der „Pädagogik vom Kinde aus". Deren pädagogische und didaktische Forderungen wurden Mitte der 80er Jahre des letzten Jahrhunderts wieder aufgegriffen und um neue Aspekte bereichert – vorbereitet durch die Verfechter eines „offenen Curriculums", die sich in den 70er Jahren gegen die Lehrerzentriertheit der curricularen Didaktik Robinsohnscher Prägung ausgesprochen hatten.
Mit der Forderung nach Schülerorientierung im Unterricht wird die Tatsache berücksichtigt, dass jede Information (i. w. Sinne d. W.) adressatengerecht aufbereitet werden muss, wenn sie verstanden werden soll. Bei den Kindern, Jugendlichen und jungen Erwachsenen im Schulunterricht heißt das, sie als aktiv und

konstruktiv lernende Subjekte eines bestimmten Entwicklungsstands mit einer individuellen Lebens- und Lerngeschichte zu betrachten. Ihr Lernen ist an vorausgegangene Erfahrungen und Erlebnisse, an Betroffenheit und Sinnhaftigkeit gebunden; es hängt eng mit ihren Bedürfnissen, Erwartungen und Interessen zusammen.

Das Prinzip Schülerorientierung meint deshalb:

1. die Berücksichtigung der Personalität des Schülers

Der Schüler muss mit den ihn als Mensch auszeichnenden Wesensmerkmalen (z. B. personale Würde, Selbstzweck und Selbstbestimmung, Verstand und Vernunft, Offenheit für die Mit- und Umwelt, Gemeinschaftsbezug und Wahlfreiheit) im Schulunterricht didaktisch und pädagogisch respektiert und bedacht werden.

2. die Berücksichtigung der Entwicklungsstufe des Schülers

Schüler sind Kinder, Jugendliche und junge Erwachsene, die sich in der Entwicklung zu ihrer persönlichen Identität befinden. Sie weisen bestimmte Eigenarten und Eigenheiten auf, haben meist altersentsprechende Strukturen des Denkens, Fühlens, Könnens und Wollens aufgebaut und brauchen die Befriedigung elementarer Bedürfnisse, um sich gesund entwickeln zu können. Diese Besonderheiten müssen didaktisch und pädagogisch beachtet werden. Das gilt nicht nur für die erreichte Stufe der Denkentwicklung, sondern auch für Bedürfnislagen wie die Bedürfnisse nach Geborgenheit und Selbstständigkeit, nach Bewegung und Ruhe, nach Zugehörigkeit und Vertrauen, nach Selbstwerterleben und Könnenserfahrungen, nach Wissen, nach Verstehen und nach lebensalterstypischen Herausforderungen, nach Kompetenz und Autonomie, nach Interesse an ihnen und Hilfe bei Lebenskrisen, nach Verständnis und Schutz.

3. die Berücksichtigung der Individualität und Heterogenität des Schülers

Der Schüler soll in der Schule Gelegenheit bekommen, im Zusammenhang mit anderen Schülern seine Individualität zu entfalten, d. h. seine ihm eigenen Fähigkeiten und Potenziale zu entwickeln und so sich selbst zu finden und zu verwirklichen. Dazu sollte er seine spezifischen Interessen an Lerninhalten in den Unterricht einbringen können, seine individuelle Lernweise praktizieren dürfen und seine besonderen Begabungen oder auch Lernprobleme gefördert bekommen.

> Schülerorientiert unterrichten meint daher, die Lehrerzentriertheit zugunsten eines Unterrichts aufgeben, der vom Schüler her, mit dem Schüler zusammen und auf den Schüler hin geplant und gestaltet ist.

Bei der Schülerorientierung wird vom Lehrer/von der Lehrerin erwartet,

- bei allen didaktischen Entscheidungen die Lern-, Bedürfnis-, Interessens- und Lebenslage der einzelnen Schüler/Schülerinnen zu berücksichtigen
- für die Schüler mit Entwicklungsbesonderheiten – die Hochbegabten ebenso wie die Schüler mit Schwierigkeiten beim Lernen und Verhalten – Förderpläne vorzusehen
- die Schüler an der Planung des Unterrichts didaktisch mitwirken und mitentscheiden zu lassen und eine Vielfalt der Lernwege zuzulassen
- die Schüler im Unterricht soviel wie möglich selbsttätig, selbstverantwortlich und selbstentdeckend arbeiten und sie das Lernen des Lernens erlernen zu lassen
- mit den Schülern Metakommunikation und Selbstevaluation zum Unterricht zu praktizieren
- einen Kommunikations- und Interaktionsstil zu pflegen, der durch größtmögliche Akzeptanz und Offenheit geprägt ist.

2. Sachorientierung

Im Unterschied zu sozialpädagogischen Einrichtungen, deren Typik in der helfenden Beziehung zwischen Zögling und Erzieher liegt, gründet sich das verbindliche Miteinander von Lehrern und Schülern nicht auf ihre unmittelbare persönliche Beziehung, sondern auf ein „Drittes" (vgl. das Didaktische Dreieck), eine „Sache", den Lehr- und Lerninhalt. Als vorgegebener Unterrichtsstoff wirkt er wie etwas Objektives, Statisches, das Schüler zu erlernen, d. h. in ihren Wissensfundus aufzunehmen haben. Dem ist aber nicht so. Denn „die Sache an sich" gibt es nicht, sie ist vielmehr vielschichtig. Zum einen erscheint sie als ein abgeschlossener, in sich strukturierter Sachverhalt, an dem Schüler Kompetenzen erwerben sollen, zum anderen ist sie Anlass und Ergebnis des Blicks der Menschen auf sich selbst und ihrer Auseinandersetzung miteinander. Theoretische Sachlichkeit und sachstrukturelle Vorgaben sind deshalb keine hinreichende Legitimation für die Sachen im Unterricht; hinzugedacht werden muss die in ihnen enthaltene Perspektivität. Der Sachverhalt, um den es im Unterricht geht, ist daher in drei Hinsichten bedeutsam, in seiner sachlichen Bedeutung und Gegebenheit, in Hinsicht auf den Zusammenhang seiner Entstehung und hinsichtlich seiner möglichen Wirkungen bis in die Gegenwart (vgl. K. Prange). Im Unterricht werden Sachverhalte mit Zielen versehen zu Stundenthemen, die von Schülern/Schülerinnen erarbeitet und erlernt werden: der Satz des Pythagoras, Goethes Faust, Gesprächsregeln, das Gravitationsgesetz, die Stockente, das Volleyballspiel usw., usw.

Die Sachorientierung besagt, dass die Unterrichtsthemen sachgerecht behandelt werden müssen sowie beim Schüler zu Sachverstand und zu einer sachlichen Einstellung führen sollen.

1. Sachgerechtigkeit

Zur sachgerechten Behandlung eines Unterrichtsinhalts gehört erstens, dass er – entsprechend dem derzeitigen Stand der Wissenschaft – sachlich und fachsprachlich richtig dargestellt wird; zweitens ist damit gemeint, dass jemand, mit einer „Sache" zu seinem Nutzen und zum Nutzen anderer richtig umgeht. Darüber hinaus umfasst sachgerechte Behandlung aber noch weitere Überlegungen zur „Sache" im Unterricht, nämlich

- dass jeder Unterrichtsstoff durch die Art und Weise, wie er ist, also durch sich selbst (und nicht den disziplinierenden Eingriff des Lehrers), einen sachgemäßen und sachgerechten Zugriff und Umgang verlangt, ganz gleich, ob es sich um ein Gedicht, die Beweise in der Mathematik oder die Regeln eines Ballspiels im Sport handelt. Der Schüler muss sich diesem Primat der Sache unterordnen. Er beherrscht einen Sachverhalt nur, wenn er sich dessen Herausforderungen stellt und sich von ihm leiten lässt, wenn er danach strebt, den Dingen „auf den Grund zu gehen" und deren Bedeutsamkeit für sich selbst zu erfahren.
- dass jeder Unterrichtsstoff nie direkt zugänglich ist, sondern immer eine sprachliche (mediale) Vermittlung benötigt. Die Sprache ist infolgedessen in allen Schulfächern die Basis für die Verständigung über die „Sachen" und umgekehrt verpflichten die „Sachen" Lehrer wie Schüler auf eine bestimmte Terminologie und Syntax, um angemessen und korrekt besprochen werden zu können (vgl. z. B. die Sprache und Sprechweise in Deutsch oder Mathematik). Begriffliche Präzision und das Beherrschen der Fachsprache sind unabdingbar.
- dass jeder Unterrichtsstoff mehrperspektivisch und multivalent ist – man denke nur daran, wie verschieden sich zum Thema „Meer" Biologen, Wirtschaftswissenschaftler, Dichter, Urlauber, Umweltschützer usw. äußern würden. Die Sachen verbieten Einseitigkeit und Begrenzung.
- dass „Sachwissen immer Weltwissen" ist; jeder Sachverhalt, so strukturiert und objektiv greifbar er auch vorliegt, hat einen historischen Kontext und eine Wirkungsgeschichte und ist durch Menschen hervorgerufen. Diese Wirkungsgeschichte zu kennen, gehört zur Sache dazu, ebenso die Frage, welche Konsequenzen sich daraus für heute ergeben.
- dass nicht nur die Bestände der Wissenschaften Gegenstand des Unterrichts sind, sondern auch fachbezogene und überfachliche Fähigkeiten oder Fertigkeiten (Kompetenzen, Schlüsselqualifikationen) sowie Fragen des sozialen und humanen Miteinanders von Person zu Person ebenso wie die virtuellen Welten der Computersimulation.

Wenn Sachorientierung in der Form einer sachgerechten Themenbehandlung die Unterrichtsplanung bestimmen soll, muss der Lehrer/die Lehrerin diese Aspekte der „Sache" beachten.

2. Sachverstand

Im Unterschied zur vorgefertigten Meinung oder zur begründeten Vermutung spricht man von Sachverstand, wenn einer sich in einer Sache auskennt, sich auf eine Sache versteht, in einer Sache Fachmann, Experte, ist. Gemeinhin wird dem Sachkompetenz zugesprochen,

- der sich mit dem Problem- und Gegenstandsbereich, der Methodik, den (wichtigsten) Erkenntnissen und der Fachterminologie eines Sachzusammenhangs/Fachgebiets/Problems auskennt (Fachwissen, Methodenkenntnis), diese Kenntnisse anzuwenden versteht (Handlungswissen) und um die Konsequenzen/Folgen seines sachbezogenen Tuns weiß (Problembewusstsein).
- der sich um immer neue Einsichten und Erkenntnisse in diesem Bereich bemüht, grundsätzlich eine Fragehaltung einnimmt und kritisch-selbstkritisch mit sich und dem erworbenen Wissen umgeht.

Die Schüler Sachverstand erwerben zu lassen, ist ein zentrales Anliegen sachorientierten Unterrichts.

3. Sachlichkeit

Die Haltung, die den vorgenannten Aspekten der Sachorientierung entspricht, ist Sachlichkeit im Umgang mit Personen, Dingen und Situationen. Ihr häufig anzutreffendes Gegenteil: eine affektgeladene Beschäftigung mit Sachverhalten und eine emotionale Art der Auseinandersetzung. Objektivität bei der Darstellung der „Sachen", d. h. der Verzicht darauf, etwas in die „Dinge" hineinzulegen, was nicht von allen gleichermaßen so wahrgenommen werden kann, ist eine wichtige Voraussetzung nicht nur für das erfolgreiche Lernen in der Schule, sondern auch für ein gelingendes Miteinanderleben. Damit ist keineswegs die Bedeutung der Emotionalität für das Lernen verneint, sondern lediglich festgehalten, dass die „Sachen" nur in dem Maße erfasst werden, wie sie als Objekt der Wahrnehmung und Reflexion in den fragenden Blick des Schülers geraten. Das setzt beim Schüler ein zeitweiliges Zurückstellen anderer Wünsche und Interessen voraus und den Willen, sich allein darauf zu konzentrieren, wie seine Fragen an die Sache von dieser „beantwortet" werden.

3. Handlungsorientierung

Lernen ist nicht das Ergebnis von Belehrtwerden, sondern von selbst gesteuerten Aktivitäten des lernenden Subjekts „Schüler“, der dabei mit allen Sinnen beteiligt ist und neue Erfahrungen in seine bisherigen Denk-, Gefühls-, Könnens- und Wollensstrukturen integriert. Da es im Unterricht darauf ankommt, dass Schüler „etwas lernen“, muss Unterricht der Tatsache Rechnung tragen, dass Lernen (und nicht nur das Unterrichten) ein Handeln ist und selbst das Denken nichts anderes als „verinnerlichtes Tun“ (H. Aebli, J. Piaget). Vom Lebensbeginn an begreift der Mensch durch Be-greifen, und selbst der Erwachsene schaltet in dem Moment auf Ausprobieren und praktisches Tun um, wenn er mit dem Verstehen einer Information (z. B. Spielregeln, Aufbauanleitungen usw.) nicht zurechtkommt.
Handlungen sind absichtsvolle, zielstrebig und sinnhaft vollzogene Tätigkeiten des Menschen, die teils bewusst und reflektiert, teils unbewusst und spontan erfolgen. In jedem Falle liegt ihnen eine subjektive Logik des Handelnden zugrunde, für ihn sind sie stimmig und schlüssig. Wird jemand von einem anderen zum Handeln angeregt (wie das im Schulunterricht in der Regel der Fall ist), kommt alles auf seine subjektive Situationswahrnehmung an; denn aus den Wahrnehmungen heraus werden Emotion, Kognition, Aktion und Volition aktiviert. Erscheint ihm das Handeln sinnvoll und verspricht es für ihn die Befriedigung seiner Neugier oder seiner Bedürfnisse nach Aktivität, Gemeinschaft, Anerkennung oder Selbstthematisierung, dann wird er tätig. Im Zuge dieses Tätigseins strukturiert der Mensch dann seinen Handlungsraum, aktiviert vorhandene Kompetenzen und erweitert oder verändert seine inneren Strukturen auf Grund der Erfahrungen beim und mit dem Tun. Es kommt zum Lernen und Dazulernen. John Dewey († 1952) mit seiner Parole vom „learning by doing“ und Arbeitsschulpädagogen wie G. Kerschensteiner († 1932) mit dem programmatischen Satz vom „Lernen durch geistig-manuelle Tätigkeiten“ belegen solche Überlegungen schon für die Reformpädagogische Bewegung (1880/90–1933). Die heutige Didaktik betont den Dreischritt: Entscheidung, Handlung, Reflexion.

Damit es dazu im Unterricht kommt, ist Handlungsorientierung vonnöten. Sie fordert konkret,

- dass die Lehrerdominanz zugunsten von möglichst viel Schülerselbsttätigkeit beim Lernen reduziert wird
- dass handelnde Lernformen wie Spiel, Erkundung, Erforschung, Entdeckung, Herstellen, Ausprobieren, Nachprüfen, Experimentieren, Phantasieren usw. verstärkt berücksichtigt werden
- dass der Unterricht konsequent ein ganzheitliches Lernen mit allen Sinnen und durch praktisches Tun, über das dann reflektiert wird, vorsieht
- dass die Sinnhaftigkeit und persönliche Bedeutsamkeit des Lernstoffs den Schülerinnen/Schülern bewusst gemacht wird

- dass die Schüler zum Fragenstellen, zur Ideenproduktion, zur Hypothesenbildung, zur Entscheidungsfindung und zur Handlungsplanung mit anschließender Ausführung und Überprüfung ihrer Vorstellungen durch sie selbst ermutigt werden
- dass fächerübergreifendes und gemeinwesenorientiertes Lernen (z. B. in Projekten) mit großen Anteilen gemeinsamen, praktischen und reflektierenden Tuns realisiert werden
- dass Schüler Verantwortung für das eigene Tun und die Ergebnisse ihres Handelns erfahren können
- dass soziales, kooperatives und kommunikatives Handeln systematisch eingeübt und analysiert werden.

Die Handlungsorientierung des Unterrichts beachtet, dass Lernen eine aktive, selbst gesteuerte Tätigkeit des individuellen Schülers/der individuellen Schülerin ist.

Anmerkung

Die genannten drei fundierenden oder konstitutiven Unterrichtsprinzipien finden sich in der schulpädagogischen Fachliteratur auch zu Unterrichtskonzeptionen weiterentwickelt und ausgearbeitet (z. B. Schülerorientierter Unterricht, Adaptiver Unterricht, Wissenschaftsorientierter Unterricht, Handlungsorientierter Unterricht).

II. Regulierende Unterrichtsprinzipien

Im Unterschied zu den fundierenden Unterrichtsprinzipien, deren Geltungsbereich für den Unterricht umfassend ist und die die Grundlage für guten und erfolgreichen Unterricht sind, haben die nun darzustellenden Prinzipien den Charakter von Handlungsanweisungen, die bei der Planung und Durchführung von konkreten Unterrichtsstunden zu beachten sind. Sie sind allen methodischen Unterrichtsentscheidungen über- und vorgeordnet, gelten als handlungsleitende Kriterien bei der Auswahl der Artikulationsformen, der Sozialformen, der Kommunikationsformen und der Aktionsformen, beeinflussen die Lernzielüberlegungen ebenso wie die Gedanken des Lehrers/der Lehrerin zur Auswahl und Anordnung der Lerninhalte und der einzusetzenden Medien. Sie sind nicht wahlweise, sondern möglichst im Verbund zu realisieren, wenngleich es zwischen den einzelnen Unterrichtsprinzipien unterschiedlich enge Verbindungen gibt. Nahezu alle Unterrichtsprinzipien finden sich in der didaktischen Literatur auch zu Unterrichtskonzeptionen weiterentwickelt.

1. Das Unterrichtsprinzip Selbsttätigkeit

Zu den heute am meisten genannten (wenn auch nicht in allen Fachbüchern über „Unterrichtsprinzipien" ausgeführten) Unterrichtsprinzipien gehört die „Selbsttätigkeit", manchmal auch „Aktivierung" genannt. Schon H. Gaudig († 1923) sprach davon, dass es beim Schüler „ohne Selbsttätigkeit keine Selbstständigkeit" geben könne, und J. Piaget († 1980) meinte „ohne Aktivität (könne) es echte Intelligenz nicht geben".

Das Unterrichtsprinzip Selbsttätigkeit kann in Verbindung mit allen anderen Unterrichtsprinzipien Beachtung finden; besonders eng ist diese Verbindung mit den Prinzipien Differenzierung, Motivierung, Ganzheit und Veranschaulichung. Als Unterrichtskonzeption realisiert findet sich die Selbsttätigkeit im Offenen Unterricht, im Handlungsorientierten Unterricht und im Projektunterricht.

1.1 Begriffsbestimmung

Geht man vom Wort aus, dann ist „Selbsttätigkeit" eine „Tätigkeit" des „Selbst" im Zusammenhang mit einer „Sache". Tätigkeit bedeutet dabei nicht nur praktisches, manuelles Tun, sondern auch geistige (kognitive), sinnliche, emotionale, volitionale, schöpferische, rezeptive, produktive und meditative Aktivität des Schülers/der Schülerin. Mit dem Selbst ist – im Sinne der neueren kognitivistischen und humanistischen Persönlichkeitstheorie – der Ich- und Personkern des Menschen gemeint, der ihn drängt, sich selbst weiterzuentwickeln, seine Verhaltens- und Erlebensmöglichkeiten zu aktualisieren und so die eigene Identität zu erfahren. Dass Selbsttätigkeit in der Schule immer eine Tätigkeit des Selbst an einer Sache (einer Aufgabe, einem Problem, einem Phänomen, einem Material usw.) ist, macht darauf aufmerksam, dass das Handeln des Schülers/der Schülerin sachgerecht und personenbezogen sein muss, also von bloßem Aktivismus und planlosem Herumwerkeln zu unterscheiden ist.

> Das Unterrichtsprinzip Selbsttätigkeit besagt, dass Schülerinnen/Schülern Gelegenheit gegeben werden soll, einen Sachverhalt mit Hilfe ihrer individuellen Lern- und Handlungsmöglichkeiten zu bearbeiten, damit sie dabei ihre Selbstständigkeit, Selbstbestimmung und Selbstidentität entwickeln können.

Ist in diesem Zusammenhang von „Aktivierung" die Rede, so wird das Unterrichtsprinzip aus der Perspektive des Lehrers/der Lehrerin betrachtet. Sie stellen Überlegungen an, wie die Schüler zum selbsttätigen Lernen gebracht werden können. Auch mit „Aktivierung" sind nicht allein Maßnahmen und Initiativen zu deren praktischer Betätigung oder körperlicher Bewegung gemeint, sondern solche zum (im weiten Sinne) handelnden, selbstständigen Umgang mit den Dingen.
Durch das Prinzip der Selbsttätigkeit/Aktivierung sollen die Schüler dazu kommen, sich möglichst aus eigenem Antrieb, mit eigenen Zielen, nach eigenen Methoden, mit selbst gewählten Lernpartnern und mit der Möglichkeit zur Lernselbstkontrolle mit einer schulischen Aufgabenstellung zu befassen. Damit verbindet sich die Erwartung, dass sie sich mehr und mehr ohne Hilfe des Lehrers oder anderer erforderliche Informationen beschaffen sowie geeignete Lern- und Lösungswege finden, erproben und überprüfen können; sie sollen auf diese Weise sach-, selbst-, sozial- und methodenkompetenter, problembewusster und selbstständiger im Denken, Fühlen, Handeln und Wollen werden – was ihnen zu mehr Klarheit über sie selbst verhilft. Insofern hat dieses Unterrichtsprinzip sowohl eine didaktische als auch eine pädagogische Dimension.

1.2 Wissenschaftliche Begründungen für das Unterrichtsprinzip Selbsttätigkeit

Das Unterrichtsprinzip lässt sich aus verschiedenen Wissenschaftsdisziplinen und unter unterschiedlichen Perspektiven betrachten und legitimieren.

Anthropologische Begründung

Der Mensch ist – wie die Anthropologie sagt – vom Anfang seines Lebens an Person, er wird nicht Person und erlernt auch sein Personsein nicht erst. Ist von Menschwerdung und Persönlichkeitsentwicklung die Rede, dann im Sinne einer Aktivierung der im Menschen grundgelegten Möglichkeit zur Personalität, als Selbstverwirklichung seiner bedeutsamen Wesensmerkmale als Mensch. Zu diesen Wesensmerkmalen gehören: personale Würde, Wahlfreiheit, Selbstbestimmung/Autonomie und Selbstzweck, Eigenverantwortlichkeit, Offenheit und Nichtfestgelegtsein gegenüber der Mit- und Umwelt, Wert- und Sinngerichtetheit, Geistigkeit, Körperlichkeit/Geschlechtlichkeit, Vernunft und Verstand sowie Kreativität. Sie äußern sich in grundlegenden Bedürfnissen des Menschen. Außer den biologischen Bedürfnissen und den nach Sicherheit sind dies vor allem die Bedürfnisse nach Zugehörigkeit und sozialen Beziehungen, nach Selbstwert und Anerkennung, nach Wissen und Verstehen, nach Ordnung und Schönheit, nach Autonomie, Kompetenz und Wirksamkeit sowie nach Sinnstiftung (vgl. Maslow u. a.).

Dazu ist der Mensch von seiner Geburt an mit einem natürlichen Aktivitätsdrang ausgestattet. Auf der Grundlage seiner Verstand- und Vernunftausstattung entwickelt er über Sinneswahrnehmungen und Körpererfahrungen mit der ihn umgebenden Welt sein Selbst und seine Dispositionen zum Denken, Fühlen, Handeln und Wollen. Dies geschieht in einem Interaktions- und Integrationsprozess. Die Erfahrungen aus seinen Selbst-Umwelt-Aktivitäten integriert er in seine Personstruktur aus Erbanlagen, vorangegangenen Umwelteinflüssen und Selbststeuerungskräften, die individuell ist. Diese Personstruktur wiederum ist für die Ausprägung seiner Aktivitätstendenz entscheidend und reguliert sein Neugierverhalten und seinen „Spieltrieb". J. Piaget hat diesen Prozess in seiner Theorie der Strukturgenese als einen Weg von Assimilationen über notwendig gewordene Äquilibration zur Akkomodation beschrieben.

Selbst tätig zu sein, entspricht vor allem dem menschlichen Bedürfnis nach Kompetenz und Wirksamkeit, nach Autonomie, danach sich selbst als wirksam, frei entscheidend oder mitentscheidend zu erfahren, als jemand, der seine Umwelt gestalten und verändern kann, als jemand, der selbstbestimmt ist.

Nach dem Aufklärungsphilosophen I. Kant († 1840) darf der Mensch deshalb nicht von anderen Menschen zu deren Zwecken missbraucht werden, da er das einzige Wesen ist, das sich seine Zwecke selbst setzen kann und deshalb auch soll.

Bei den oben genannten Interaktions- und Integrationsprozessen kommt es zur Aneignung der Welt durch aktive Auseinandersetzung des Menschen mit ihr. Im Unterschied zur älteren Aneignungstheorie (vgl. Wygotsky, Leontjew, Galperin), derzufolge sich die äußere Wirklichkeit durch praktisch-rezeptives Umgehen mit ihr in Bewusstseinsinhalte abbildet, verweist die heutige Handlungstheorie darauf, dass zwischen Aktion und Kognition eine Deutung durch den erkennenden Menschen liegt. Die Deutung erfolgt auf der Grundlage der bisher erworbenen, individuellen Strukturen des Denkens, Fühlens, Könnens und Wollens, die ihrerseits auf Erfahrungslernen und Reifungsprozesse zurückgehen. Hinter jeder Verhaltensweise (im weiten Sinne) steht das Handlungssubjekt Mensch, das sich auf diese Weise ein Handlungsrepertoire gebildet hat, das seiner Meinung nach stimmig und schlüssig, also logisch ist, und Erfolg verspricht. Diese Logik muss für Außenstehende nicht logisch sein, die ihr zugrunde liegende Situationsdeutung muss auch nicht objektiv zutreffend sein, und der Erfolg muss auch von anderen nicht als wirklicher Erfolg betrachtet werden; entscheidend ist allein, dass das Verhalten für den Handelnden selbst, also immanent, logisch ist, Sinn macht und mit seinen bisherigen Lebenserfahrungen zusammenpasst.

Dem entspricht die heute geläufige Konzeption vom homo discens, deren theoretisches Erklärungsmodell in der Persönlichkeitstheorie der Kognitionspsychologie und der Humanistischen Psychologie zu suchen ist, ergänzt um Aspekte des pragmatischen, erkenntnistheoretischen (Sozial-)Konstruktivismus, der Systemtheorie und der Neurophysiologie. Lernen wird hier als aktiver und konstruktiver, selbst organisierter und selbst kontrollierter Prozess verstanden (vgl. Weinert).

Nach diesem Lernbegriff steht der Mensch der Umwelt als ein autopoietisches System („Selbststeuerung") gegenüber, das sich selbst organisiert („Selbstorganisation"), demzufolge selbstbezüglich an seine Außenwelt herangeht („Selbstreferenz"), um personale Identität und Kontinuität bemüht ist, und von außen nicht direkt oder unmittelbar beeinflusst werden kann. Lernen ist ein Vorgang, bei dem der Mensch als realitätsverarbeitendes Subjekt agiert, („Interferenz" als ständige Wechselbeziehung zwischen Innerem und Außenwelt), bei dem er sich sein individuelles Bild von der Welt konstruiert. Wie der Einzelne mit Anregungen und Anforderungen aus seiner Umgebung umgeht, entscheidet sich an seiner internen Struktur. Wenn der Mensch lernt, vollzieht er also Prozesse der Konstruktion, indem er sich selbstständig und selbsttätig neue Informationen (im weiten Sinne) aneignet, Prozesse der Rekonstruktion, wenn er in sich die Bedeutungen aus Informationen rekapituliert, die andere diesen Informationen (z. B. Texten) beigegeben hatten, und Prozesse der Dekonstruktion, insofern er merkt, dass er mit seinen bisherigen Konstruktionen, d. h. seinen kognitiven, emotionalen, volitionalen, aktionalen Strukturen, nicht oder nicht mehr zurechtkommt und diese deshalb verändern muss. Was also von der Außenwelt, von der sozialen Umwelt beigetragen werden kann, sind strukturierte Anstöße, Anregungen, Problemstellungen, gelebte Verhaltensvorbilder, didaktisch aufbereitete Materialien und pädagogische oder didaktische Situationen, die solche Lernprozesse auslösen. Eine unmittelbare Einflussnahme auf den Menschen ist – mit Ausnahme von Zwangshandlungen – nicht möglich. Sie endet an der Peripherie seiner Sinne und seiner Körperlichkeit sowie an seinen bereits erworbenen Sinnkonstruktionen.

Psychologische Begründung

Es sind vorwiegend *lernpsychologische* Argumente, die für die Selbsttätigkeit als Unterrichtsprinzip sprechen.

Im Zusammenhang mit der Frage nach der Lernfähigkeit des Schülers/der Schülerin richtete sich in den letzten drei Jahrzehnten der Blick auf die lernpsychologische Relation zwischen Tun und Erkennen (Aktion und Kognition), Handeln und Lernen. Nach H. Aebli geht Denken aus dem Handeln hervor und trägt grundlegende Züge des Handelns, wie seine Zielgerichtetheit und seine Konstruktivität. Handeln und Denken bedingen sich demnach, nicht nur in einem zeitlichen Nacheinander während der Kindheit im Sinne von „handeln und daraus lernen", sondern auch im Jugend- und Erwachsenenalter geht dem Begreifen oft das Greifen (praktisches Tun, Ausprobieren) voraus, der Einsicht das Einsehen, der Erkenntnis das Beobachten, Erforschen und Nachsuchen. Begriffe lassen sich – so Aebli – nicht in fertiger Form übernehmen; als Ergebnis realiter vollzogener Handlungen, die zu Operationen (d. h. abstrakten Handlungen) geworden sind, müssen sie nachvollzogen, nachgeschafft und rekonstruiert werden, müssen sie innerlich ausgeführt, verinnerlicht werden, um auf andere Situationen effektiv übertragen werden zu können. Dabei spielt nach Aebli die Versprachlichung der Handlungen – der praktischen wie der theoretischen – eine entscheidende Rolle. Ähnlich wie Aebli sah auch G. Kerschensteiner im praktischen Tun den Ursprung allen Denkens, und J. Dewey forderte „learning by doing".

Die Erinnerung an die „klassischen Lerntheorien" Th. L. Thorndikes und B. F. Skinners führt zu einer weiteren theoretischen Absicherung der Forderung nach Schülerselbsttätigkeit im Unterricht. An Thorndikes trial-and-error-Lerntheorie interessiert vor allem das Gesetz des Effektes („law of effect"), das besagt, Lernen werde durch seine Konsequenzen, die verstärkend wirken, reguliert. (s. dazu Kap. 8). Für erfolgreiches Lernen sind seiner Lerntheorie nach Aktionsbereitschaft (Motivation), eine große Menge möglicher Verhaltensweisen (Reaktionsvielseitigkeit), Probehandlungen mit einem Erfolgserlebnis (Verstärkung) und wiederholendes Üben maßgeblich. Auf den Unterricht angewendet bedeutet das: Lernen ist effektiv, wenn Schülerinnen und Schüler Gelegenheit haben, auf vielfältige Weise und nach eigenen Ideen Lösungswege für gestellte Probleme auszuprobieren. Die mit den Ergebnissen der Lösungsversuche gemachten Erfahrungen werden zum dauerhaften Bestand des Wissens- und Handlungsrepertoires der Schüler, erst recht, wenn sich diese in Übungen und bei Anwendungen als effektiv stabilisieren.

Auch bei der operanten Konditionierungstheorie von B. F. Skinner ist das Handlungsparadigma von Interesse. Denn Skinner konnte nachweisen, dass komplexe Verhaltensweisen das Ergebnis bestimmter Kontingenzerfahrungen, bestimmter Reizkonstellationen und Reaktionsmuster sind. Natürliches, zufällig geäußertes Verhalten („operant") wird durch positive oder negative Verstärkung in seiner Auftretenswahrscheinlichkeit gesteigert bzw. verringert. Die Erfolgsbestätigung durch die Sache selbst oder auch den Lehrer hat daher für das Lernen des Schülers große Bedeutung, setzt aber natürlich seine Aktionen und Aktivitäten voraus.

Die Motivationskraft und die Gedächtniswirksamkeit von handelndem Lernen wird zur Begründung der Selbsttätigkeit ebenfalls angeführt (s. dazu Kap. 3 und 7). Die Aktivierung der Selbstständigkeit im Kindesalter unterstützt bereits die Grundbereitschaft des Menschen, Leistung zu erbringen und seine Identität durch die Leistungserbringung aufzubauen, sich einen Gütemaßstab zu erarbeiten sowie Neugier und „Spaß an der Sache" zu entwickeln, Faszination und die Empfindung von Sinnhaftigkeit und Kompetenz zu erleben. Da es sich hierbei um intrinsische Motivation handelt, ist sie didaktisch und pädagogisch besonders wertvoll.

Die Gedächtnispsychologie unterstützt die Bedeutung des selbsttätigen Lernens durch ihre Forschungen zum Behalten und Vergessen. Dabei erweist sich das Selbertun mit 90 % Behaltenswert allen anderen Formen der Informationsaufnahme als bei weitem überlegen (vgl. Lesen: 10 %, Zuhören: 20 %, Hören – Sehen – Schreiben: 50 %). Grund dafür ist erstens die multidimensionale Kodierung der Information, da mehrere Eingangskanäle für den Lernstoff genutzt werden (visuell, auditiv, taktil), (s. dazu Kap. 2, 3 und 5); zweitens ist dafür verantwortlich die Speicherung des Lernstoffs in beiden Hirnhälften, der linken verbal-abstrakten und der rechten bildhaft-anschaulichen (vgl. Theorie der doppelten Kodierung); drittens wird das Bewegungsgedächtnis, prozedurales Gedächtnis, genutzt, das motorisches Handeln vor Vergessen absichert und das ursprünglich beim Menschen dem intellektuellen Sprachgedächtnis sogar überlegen war. Ähnlich hatte schon die so genannte experimentelle Didaktik zur Zeit der Reformpädagogik (1880/90–1933) argumentiert: Bekommen Schüler Gelegenheit, sich auszudrücken durch Tätigsein und Versprachlichung beim Lernen, verstärkt sich ihr Eindruck der zu lernenden Sache (vgl. die Einheit von Eindruck und Ausdruck).

Erinnert sei schließlich noch an die Unterscheidung so genannter Lerntypen beim Menschen (vgl. Vester), denenzufolge jeder Mensch über ein frühkindlich erworbenes, später nur durch intensive Lernprozesse noch zu veränderndes Grundmuster der Informationsaufnahme verfügt. (Idealtypisch werden diese Grundmuster als Lerntypen bezeichnet, wenngleich es nachgewiesenermaßen vielfältige „Mischtypen" gibt und die heutige Forschung treffender von Lernstrategien spricht.) In der Reihe dieser Lerntypen findet sich außer dem auditiven/gesprächsorientierten Lerntyp, dem visuellen Lerntyp und dem intellektuellen Lerntyp auch der haptische Lerntyp. Diesem gelingt die Aufnahme und Erarbeitung einer neuen Information besonders gut durch Anfassen, Umgehen, Handhaben und Experimentieren damit.

Pädagogische Begründung

In der *Pädagogikgeschichte* wird seit J. A. Comenius († 1670) immer wieder die Selbsttätigkeit als Grundsatz von Erziehung und Unterricht betont; für die Reformpädagogische Bewegung (1880/90–1933) ist er konstitutiv. So meint E. Key († 1926), die Schule habe „die Selbsttätigkeit an Stelle des Systems und des Schemas herrschen zu lassen" und G. Kerschensteiner († 1932) präzisiert im Blick auf seine Arbeitsschulpädagogik, Selbsttätigkeit heiße, dass der Schüler „aus seinem Selbst zur Tätigkeit genötigt wird". J. Deweys († 1925) Devise lautete: „learning by doing" und die von M. Montessori († 1952): „Selbsterziehung über Selbstentfaltung durch Selbsttätigkeit" oder, als Wort aus dem Munde der von ihr betreuten Kinder: „Hilf mir, es selbst zu tun." P. Petersen († 1952) ist davon überzeugt, alles komme darauf an, in den Schulen das „volle Selbst der Schüler in Tätigkeit" zu setzen, und zwar durch die Urformen der Bildung, d. h. durch Gespräch, Spiel, Arbeit und Feier. Nicht anders C. Freinet († 1966), der die Auffassung vertritt, Bildungserwerb gehe nur über Selbsttätigkeit, „par la vie – pour la vie – par le travail" (vgl. Wiater 1997).

Unter *systematischem* Gesichtspunkt betrachtet ist Selbsttätigkeit ein unverzichtbarer Bestandteil der Mündigkeit des Menschen, die seit dem Aufklärungsjahrhundert Ziel aller erzieherischen und unterrichtlichen Maßnahmen ist. Selbstständigkeit, Eigenverantwortlichkeit und Reflexivität, konstitutive Elemente der Mündigkeit, erreicht der Schüler/die Schülerin eher durch Selbertun, durch übernommene Verantwortung und durch praktizierte Nachdenklichkeit als durch bloße Instruktion, Belehrung oder Handlungsanleitung. Versteht man – wie heute üblich – Erziehung als (intentionale und funktionale) Hilfe bei der Entwicklung von Kindern/Jugendlichen zu mündigen Persönlichkeiten, die über Selbstkompetenz, Sozialkompetenz und Sachkompetenz verfügen, kommen Schule und Unterricht nicht ohne die Eigenaktivität und das Engagement der Schüler aus. Mündig wird der Einzelne nur durch sein eigenes Tun; niemand kann einen anderen mündig „machen", wohl aber muss man ihm dazu die erforderlichen Strukturen und Bedingungen zur Verfügung stellen. Auch ihre Enkulturationsaufgabe, d. h. ihren Auftrag, die nachwachsende Generation die Kultur des eigenen Raumes kennen und weiterentwickeln zu lassen, kann die Schule nur mit den Schülern zusammen erfüllen. Nur wenn diese die gegebenen kulturellen Lerninhalte und Lebensformen nicht einfach assimilieren, sondern sie sich durch Auseinandersetzung mit ihnen aneignen und durch kulturelle Tätigkeiten selbst Kultur schaffen, gelingt Enkulturation.

Soziologisch-gesellschaftliche Begründung

Für die Selbsttätigkeit als Unterrichtsprinzip spricht die demokratische Erziehung und deren Leitvorstellung vom mündigen Bürger, der sich zugunsten der Demokratie als Staats- und Lebensform engagiert. Der Schule kommt bei der Erziehung zur Demokratie eine besondere Bedeutung zu, die die Länderverfassungen unter Rückgriff auf das Grundgesetz belegen (vgl. z. B. Bayerische Verfassung Art. 131). Die Schulgesetze der einzelnen Bundesländer konkretisieren diese, wenn sie – wie beispielsweise das Bayerische Erziehungs- und Unterrichtsgesetz im Kapitel über die „Aufgaben der Schule" (Art. 2) – den Schulen die Aufgabe zuweisen, Schüler/Schülerinnen „zu selbstständigem Urteil und eigenverantwortlichem Handeln zu befähigen" sowie „die Bereitschaft zu Einsatz für den freiheitlich-demokratischen und sozialen Rechtsstaat und zu seiner Verteidigung nach innen und außen zu fördern".

Außerdem machen die Veränderungen in der privaten Lebensführung einerseits und die Trends der gesamtgesellschaftlichen Entwicklung andererseits die Schülerselbsttätigkeit heute zu einem zentralen Thema in Schule und Unterricht. Aufwachsen heute, Kindheit und Jugend heute, sind durch die (plakativen) Schlagwörter Einzelkind-Kindheit (und Jugend), Medienkindheit, Konsumkindheit, verinselte Kindheit, verwöhnte Kindheit, verplante Kindheit, belastete Kindheit, missbrauchte Kindheit, Armutskindheit o. Ä. charakterisiert. Ganz gleich ob Eltern oder Alleinerziehende aus Unfähigkeit, Unsicherheit oder Unwilligkeit ihrer Erziehungsverpflichtung nicht genügend nachkommen oder ob sie ambitioniert ihr persönliches Interesse ausschließlich auf das eigene Kind richten, die Folgen sind in beiden Fällen eine Ausweitung der Selbstentscheidungsspielräume der Heranwachsenden und Probleme bei deren sozialer Inte-

gration. Immer mehr Kinder sind durch ihre Lebensumstände veranlasst, über immer mehr in immer jüngerem Alter allein zu entscheiden – über das Essen, die Kleidung, die Freunde, die Spielpartner, den Zeitvertreib, den Medienkonsum, die Freizeitgestaltung, das Geldausgeben, die Erledigung von Aufgaben und Verpflichtungen. Die Kehrseite dieser gewonnenen Entscheidungsfreiheiten sind erheblich größer gewordene Zwänge, Verunsicherungen, Gefährdungen und Orientierungslosigkeit.
Diese Situation wird durch einige gesamtgesellschaftliche Entwicklungstrends noch verschärft. Zu denken ist hier an die Pluralisierung der Lebensstile/Lebensformen und die größeren Freizügigkeiten bei gleichzeitiger Reduzierung traditioneller Lebensorientierungen, die Non-stop-Konsum-und-Erlebnisgesellschaft mit ihren Glück, Erregung und Selbsterfahrung verheißenden Angeboten oder die Mentalität des „anything goes" mit Hilfe von Geld, Genuss und Gewalt. Die multioptionale Gesellschaft von heute versetzt ihre Mitglieder permanent in neue Entscheidungssituationen, die für sie risikobehaftet sind, deren Verantwortung sie aber allein zu tragen haben. Unter diesen Bedingungen aufzuwachsen bedeutet, verstärkt entscheidungsfähig zu sein (bzw. zu werden) und eine große Problemlösekompetenz zu entwickeln. Beides verlangt danach, dass in der Schule durch Selbsttätigkeit Eigenverantwortlichkeit eingeübt wird.
Schließlich fördert die Selbsttätigkeit auch die in der heutigen Gesellschaft notwendigen Schlüsselqualifikationen wie Kreativität, planerisches Handeln, Problemerkennung und Problemlösung, Kommunikationsfähigkeit und Teamfähigkeit.

1.3 Möglichkeiten und Grenzen bei der Realisierung des Unterrichtsprinzips Selbsttätigkeit

Um die Schülerselbsttätigkeit in Unterricht und Schule zu berücksichtigen, ergeben sich für den Lehrer/die Lehrerin vielfältige didaktische und pädagogische Möglichkeiten; es zeigen sich dabei aber auch spezifische Begrenzungen.

Möglichkeiten

Möglichkeiten zur Realisierung des Prinzips Selbsttätigkeit gibt es in allen Unterrichtskonzeptionen; diese sind zu ergänzen um die Möglichkeiten, die die Organisation des Schullebens eröffnet, und um die, die sich aus dem produktiven Gestalten in einzelnen Unterrichtsfächern ergeben.

1. Im *Lehrergesteuerten Unterricht (Unterrichtsform: direkte Instruktion)* kann die Selbsttätigkeit des Schülers/der Schülerin aus eigener Initiative erwachsen oder auf Veranlassung des Lehrers/der Lehrerin geschehen. Die Liste der Methoden und kleineren methodischen Eingriffen, die den Lehrern hierzu zur Verfügung stehen, ist lang:

- *genetischer Unterricht*, der „tote" Lerninhalte in „lebendige" Handlungen verwandelt, insofern er sie als Erfindungen, Gesetzmäßigkeiten, Entdeckungen, kreative Schöpfungen, Lösungen für Probleme von Menschen vergangener Zeiten bewusst macht und zum Nachdenken und Mitvollziehen der damaligen Problemlagen anregt

- *die Leittext-Methode*, bei der die Schüler ein Thema/Problem nach sechs vorgegebenen Schritten (Leittext) bearbeiten: Informationssammlung (allein oder mit anderen), Entwurf eines Lösungsplans, Vortrag des Lösungswegs beim Lehrer und Diskussion darüber, Ausführung des Lösungsplans, Kontrolle des Ergebnisses, Bewertung der Lösung zusammen mit dem Lehrer
- *die Moderationsmethode,* bei der sich die ganze Klasse mit Hilfe des Lehrers oder Moderators in Schritten (Kartenabfrage, Klassifikation der Karten an der Pinnwand, Auswahl von Lösungsmöglichkeiten, Ziehen praktischer Konsequenzen) einem Problem zuwendet
- *Lernen durch Lehren (LdL),* wobei Lehraufgaben wie drannehmen, abfragen, erklären, vortragen, Einführungen geben, naturwissenschaftliche oder mathematische Probleme besprechen, grammatische Strukturen festigen usw. nach vorheriger Instruktion durch den Lehrer von Schülern im Unterricht übernommen werden
- *Verwendung des Computers (Internet)* als Lernwerkzeug im Unterricht, in Übungsphasen, bei Simulationen, zur Informationsbeschaffung oder als Hypertextlernen
- *„echte" Lehrerfragen,* d. h. Probleme stellen – mit den Schülern zusammen Fragen an das Problem richten – die Fragen gemeinsam zu lösen versuchen (Lösungen erarbeiten, überprüfen, verwerfen, neu erarbeiten und wieder überprüfen) – gemeinsam Antworten auf die Ausgangsfragen formulieren – in gemeinsamer Überlegung den Lernprozess beurteilen (benoten)
- *Trainieren von realen und simulierten Entscheidungssituationen* z. B. im Planspiel unter Berücksichtigung von Fragen wie den folgenden: „Wofür ist die Entscheidung zu fällen?", „Worum geht es genau?" – „Wem nützt, wem schadet die Entscheidung?"
- *Gruppenarbeit, Partnerarbeit, Spiele, Rollenspiel/Planspiel, Referat, Argumentation, Diskussion, Streitgespräch usw.* aber auch *Stillarbeit*
- *Lern- und Arbeitstechniken* im Unterricht erwerben lassen wie selbstständig Informationen aus Lexika, Internet, Fachbüchern, Bibliotheken usw. beschaffen, analysieren, interpretieren und für eine Präsentation aufbereiten
- die Schüler ein *„Cluster"* oder eine *„Mindmap"* anfertigen lassen
- *Brainstorming* und *Impulse,* um Schüler zum Nachdenken, zum Aktivieren eigener Erfahrungen und zum Äußern eigener Ideen, Gefühle und Einstellungen zu bringen
- *„Blitzlichter"* als kurze Ortsbestimmung der Lernsituation aufseiten der Schüler und des Lehrers
- das *„sokratische Gespräch"*, bei dem im Unterschied zum fragend-entwickelnden Verfahren Schüler aufgrund geschickter Steuerungsfragen des Lehrers Erkenntnisse und Problemlösungen aus sich selbst hervorbringen
- der Einsatz von *Bild- und Symbolkarten,* der Schüler zur Klärung der eigenen emotionalen oder kognitiven Position veranlasst

- die *Kugellager-Methode* mit wechselndem Innen- und Außenkreis, bei der z. B. jeder Schüler seine wichtigsten Argumente zu einer Fragestellung seinem Gegenüber nennt und dann im wechselnden Gespräch mit den Mitschülern die für alle bedeutendsten ermittelt
- das *Stationengespräch*, bei dem zu einem Diskussionsthema Meinungen/Positionen auf großen Karten im Klassenzimmer für die Schüler zum Anschauen ausgehängt sind, die sie gruppenweise vertieft bearbeiten sollen
- die *Methode* 365, für die ein Blatt mit 3 Spalten nötig ist, in die jedes Mitglied der in 6er-Gruppen eingeteilten Klassen in ca. 5 Minuten seine wichtigsten Gedanken zu einem vorgegebenen Thema einträgt, die dann anschließend in der Klasse diskutiert werden.

2. Im *Offenen Unterricht (Unterrichtsform: indirekte Instruktion)* finden sich seit längerem schon methodische „Großformen", für die die aktive Lerntätigkeit des Schülers/der Schülerin wesentlich ist. Die meist genannten sind:

- *die Freie Arbeit oder das materialgeleitete Lernen*, für das in speziellen Ecken des Klassenzimmers in Regalen, Schränken und auf Tischen lehrplanbezogene, differenzierte Arbeitsmaterialien bereitgestellt werden, mit denen sich die Schüler die Lerninhalte selbst erarbeiten können. Solche Arbeitsmaterialien können sein: Aufgabenkarteien, Spiele (Kartenspiele, Bingo, Lottospiele, Kegelspiele, Würfelspiele), Memorys, Dominos, Setzkästen, Klammerkarten, LÜK-Kästen, Arbeitsblätter, Arbeitshefte, Bücher und Informationsbroschüren, Schülerexperimentierkästen, Puzzles, Wort-/Zahlenmaschinen, Kassetten, Dias, Videos, Computerprogramme, aber auch Bastelmaterial, Mal- und Tuschkästen, Karton, Holzstücke, Zeitungen/Zeitschriften – alle mit entsprechenden Arbeitsaufträgen oder Anweisungen versehen –, und vieles mehr. Sie sollen so beschaffen sein, dass die zu erledigenden Aufgaben teils in Alleinarbeit, teils in Partner- oder Gruppenarbeit durchgeführt werden können bzw. müssen; sie sind ästhetisch ansprechend gestaltet und fachinhaltlich durchstrukturiert; sie regen zum Tätigwerden an und ermöglichen grundsätzlich eine Fehlerselbstkontrolle durch die Lernenden.
- *die Tagesplan- oder Wochenplanarbeit*, bei der jeder Schüler am Wochenbeginn einen differenzierten Plan mit Pflicht- und Wahlaufgaben aus dem Stoffpensum der Fächer enthält, die Anteile ihres Stundenkontingents (meist je 1 Unterrichtsstunde pro Woche) für lehrplanbezogenes freies Schülerarbeiten bereitgestellt haben. Dieser Plan enthält die Arbeitsaufgaben und eine Rubrik, in der die Schüler vermerken müssen, was sie erledigt haben. Verpflichtend sind im Plan bestimmte Kernaufgaben, die alle Schüler bewältigen müssen, der zeitliche Rahmen, der für deren Erledigung zur Verfügung stehen soll (Tag, Woche) sowie die Form der (möglichst selbsttätigen) Lernkontrollen. Freigestellt ist den Schülern eine Fülle von themenbezogenen, leistungs- und interessendifferenzierten Wahlpflicht- oder Wahlaufgaben, die Zeiteinteilung, die Sozialformen beim Lernen und die Reihenfolge der Aufgabenbearbeitung.

- *Das Stationentraining/der Lernzirkel/Werkstattunterricht,* wobei ein Lerninhalt an mehreren Stationen möglichst vielfältig, aspekt- und abwechslungsreich bearbeitet werden soll; beim gebundenen Stationentraining gehen feste Schülergruppen nach einem festgelegten Zeitabschnitt von Station zu Station weiter, beim freien Stationentraining bilden sich die Klein- oder Partnergruppen nach Belieben, und die Kinder/Jugendlichen suchen sich die Stationen, mit denen sie sich nacheinander beschäftigen wollen, selbst aus.

3. *In einem Unterricht, dessen Inhalte und Ziele erst durch das Zusammenspiel von Lehrer- und Schülerentscheidungen entstehen (Unterrichtsform: kooperative Instruktion)* ergeben sich die folgenden Möglichkeiten:

- *projektorientiertes Lernen und Projektunterricht,* ein „learning by doing" (Dewey), das zu „denkenden Erfahrungen" führt und bei dem die Schüler mit allen Sinnen nach einem selbst überlegten Plan zielgerichtet ein sie selbst besonders interessierendes, gesellschaftlich relevantes Problem fächerübergreifend einer (praktisch) vorzeigbaren „Lösung" zuführen. Ein umfangreiches Projekt weist (nach Gudjons) die folgenden Schritte und Merkmale auf:

  Projektschritt 1: Eine für den Erwerb von Erfahrungen geeignete, problemhaltige Sachlage auswählen
  1. Merkmal: Bezug zu Fragen/Problemen/Situationen des wirklichen Lebens
  2. Merkmal: Orientierung an den Interessen der Beteiligten
  3. Merkmal: Gesellschaftliche Praxisrelevanz des Projekts zur konstruktiven Lösung oder Verbesserung der Frage/des Problems/der Situation

  Projektschritt 2: Gemeinsam einen Plan zur Problemlösung entwickeln
  4. Merkmal: Gemeinsame Planung von Lehrer und Schülern zur Lösung des Problems oder Erreichen des Ziels
  5. Merkmal: Selbstorganisation und Selbstverantwortung der Schüler für den Projektverlauf

  Projektschritt 3: Sich mit dem Problem handlungsorientiert auseinander setzen
  6. Merkmal: Einbeziehen möglichst vieler Sinne, des Kopfes, des Gefühls, der Hände, der Füße, Augen, Ohren, Nase, des Mundes, der Zunge bei der Arbeit am Projekt und der Darstellung der Projektergebnisse
  7. Merkmal: Zusammenarbeit in Gruppen, soziale Lernprozesse und demokratische Verhaltensweisen

  Projektschritt 4: Die erarbeitete Problemlösung an der Wirklichkeit überprüfen
  8. Merkmal: Produktorientierung in Form von Ergebnissen mit Gebrauchs- und Mitteilungswert und als Aktions- und Kooperationsprodukte (Podiumsdiskussion, Mitarbeit in außerschulischen Gruppen), Vorführungs- und Veranstaltungsprodukte (Theater, Video), Dokumentationsprodukte (Broschüre, Gutachten, Zeitungsbericht), Ausstellungsprodukte (Stellwände, Wanderausstellungen) oder Gestaltungsprodukte (Spielplatzgestaltung, Schulgarten)

9. Merkmal: Interdisziplinarität als fächerübergreifendes oder Fachgrenzen überschreitendes Lernen
10. Merkmal: Notwendigkeit zur Ergänzung mit Elementen des systematisch aufgebauten Lehrgangs vor, während und nach dem Projekt

- *phänomen- und problemorientierter Unterricht*, der solche Naturerscheinungen und auffälligen Ereignisse oder Situationen thematisiert, die Schülern fragwürdig, unerklärlich und ungewohnt vorkommen und die sie zum Mutmaßen, Nachdenken, experimentellen Ausprobieren und Wissenwollen veranlasst
- *entdeckender und erkundender Unterricht*, bei dem sich die Schüler auf eine Frage/ein Problem aus ihrer Lebensumgebung einlassen, dabei mit ihrem bisherigen Wissen und Können in schulischen und außerschulischen Bereichen direkte Erfahrungen machen und selbsttätig neues Wissen und Können erwerben

4. *Weitere Möglichkeiten* selbsttätigen Lernens sind:

- das *produktive Gestalten* in Fächern wie Kunst, Musik, Bewegungslehre, Werken usw. sowie beim Erstellen von Modellen im naturwissenschaftlich-technischen Bereich
- die *Hausaufgaben* als Form selbstständiger, eigenverantworteter und selbstdiziplinierter Lernarbeit sowie
- vielfältige *Aktionen und Aktivitäten des außerunterrichtlichen Schullebens,* angefangen mit der Gestaltung von Klassenzimmer, Schulhaus und Schulhof über nachmittägliche Arbeitsgemeinschaften, Schulfeste und Schulfeiern bis hin zu Theateraufführungen, Sportveranstaltungen und Konzerten.

Grenzen

Den zahlreichen Möglichkeiten stehen einige gewichtige Contra-Argumente gegenüber:

1. Nicht alle Lerninhalte der Schule sind für das selbsttätige Erarbeiten durch Schülerinnen/Schüler geeignet. Denn sie sind dazu teilweise zu kompliziert, zu komplex oder zu risikobehaftet. Auch können Schüler im Laufe ihrer Schulzeit nicht das alles selbst herausfinden, was Jahrhunderte Kulturgeschichte in Anspruch genommen hat.
2. Bei aller individuellen Förderung der einzelnen Schüler darf die Aufgabe der Schule zur Sozialerziehung und Integration nicht vergessen werden. Gegen eine allzu starke Individualisierung beim Lernen ist einzuwenden, dass Selbst-, Sach- und Sozialkompetenz in der Schule stets zusammen angezielt werden müssen.
3. Die derzeitigen Lehrpläne lassen selbsttätiges Lernen in den methodischen Großformen wie Freie Arbeit, Wochenplanarbeit, Stationentraining und Projekt nur bedingt zu. Der höhere Zeitaufwand, der für diese Unterrichtsformen

nötig ist, erscheint eher im Bereich des differenzierten Übens, seltener im Bereich des Erarbeitens neuer Lerninhalte gerechtfertigt.

4. Lernschwächere Schüler werden – empirischen Untersuchungen zufolge – im Offenen Unterricht und bei offenen Arbeitsaufträgen überfordert. Im Unterschied zu den „mittleren" Schülern profitieren sie davon nicht, es sei denn sie erhalten strukturierte, kleinschrittige Aufgabenstellungen und spezielle Förderung durch den Lehrer oder durch Mitschüler als Tutoren.
5. Die Sicherung des für alle Schüler verbindlichen Mindestwissens und Mindestkönnens ist bei selbsttätigem Lernen ein Problem, dessen Lösung vom Lehrer vorüberlegt sein muss.
6. Selbsttätigkeit beim Lernen muss mit den Schülern eingeübt werden, sie müssen die dabei vorausgesetzte Lern- und Methodenkompetenz erworben haben, wenn diese Lernweise effektiv sein soll.
7. Für Schüler bedeutet das selbsttätige Lernen größere Anforderungen, denen sich einige von ihnen zu entziehen versuchen.
8. Für Lehrer bedeutet das Einplanen von selbsttätigen Lernformen einen höheren Vorbereitungsaufwand, schwierigere Leistungsüberprüfbarkeit und ein verändertes Selbstverständnis (vom Wissensvermittler zum Moderator, Arrangeur und Berater beim Lernen der Schüler).

2. Das Unterrichtsprinzip Differenzierung

In der Fachliteratur ist im Zusammenhang mit dem Prinzip der Differenzierung auch vom „Prinzip der Angemessenheit" oder dem „Prinzip der optimalen Passung" die Rede; manchmal wird auch vom „Unterrichtsprinzip Differenzierung und Individualisierung" gesprochen, wobei dann die Individualisierung als intensivste Form der Differenzierung betrachtet wird. Bei diesem Unterrichtsgrundsatz verbindet sich die Alltagsredeweise „Es gibt nichts Ungerechteres als die gleiche Behandlung von Ungleichem!" mit J. F. Herbarts († 1841) Feststellung, dass „die Verschiedenheit der Köpfe das große Hindernis aller Schulbildung" sei und ein „Grundfehler", darauf nicht zu achten, stattdessen aber „alles nach einer Schnur zu hobeln".
Auch das Unterrichtsprinzip Differenzierung weist enge Beziehungen zu allen anderen Unterrichtsprinzipien auf, vor allem zur Selbsttätigkeit, Veranschaulichung, Motivierung und Ergebnissicherung. Als Unterrichtskonzeptionen können ihm zugeordnet werden der Adaptive Unterricht, der Computerunterstützte Unterricht und das Mastery Learning.

2.1 Begriffsbestimmung

„Differenzierung" lässt sich auf das lateinische Wort „differentia" (Verschiedenheit, Unterschied) und das dazu gehörige Verb „differe" (auseinandertragen, verschieden sein) zurückführen und bedeutet so viel wie „Unterscheidung", „unterschiedliche Beurteilung oder Behandlung". Zu unterscheiden und unterschiedlich zu behandeln sind in Schule und Unterricht die Schülerinnen und Schüler. Denn sie sind in ein und demselben Altersjahrgang und in ein und derselben Klasse oder Lerngruppe recht heterogen. Die Unterschiede liegen in ihrer biografischen Entwicklung, ihren Bedürfnissen, ihrer körperlichen und psychischen Verfasstheit, ihren Fähigkeiten und Fertigkeiten, ihren Lernvoraussetzungen und Lernweisen, ihren Wahrnehmungs-, Sprach und Handlungskompetenzen, ihrer Leistungsbereitschaft, ihren Einstellungen und Verhaltensweisen sowie in ihren Interessen und Neigungen begründet. Um ihnen gerecht zu werden und damit sie erfolgreich lernen, müssen Lehrer/Lehrerinnen und muss die Schule ihre didaktischen und pädagogischen Maßnahmen diesen anthropogenen Bedingungen der Schülerinnen/Schüler anpassen und sich an diesen orientieren.

> Das Unterrichtsprinzip Differenzierung verlangt, dass die Heterogenität der Schülerinnen/Schüler einer Lerngruppe oder Klasse schul- und unterrichtsorganisatorisch berücksichtigt werden soll.

Wird die Heterogenität der Schülerinnen und Schüler schulorganisatorisch berücksichtigt, spricht man von *äußerer Differenzierung*, wird ihr durch unterrichtsorganisatorische Maßnahmen Rechnung getragen, von *innerer Differenzierung*. Bei der äußeren Differenzierung handelt es sich um Maßnahmen, die einen Klassenverband oder eine Lerngruppe zeitweilig oder auf Dauer auflösen, bei der inneren Differenzierung bleibt der Klassenverband erhalten, und es werden die Schüler unter bestimmten Gesichtspunkten innerhalb des Unterrichts neu gruppiert. Das folgende Schaubild verdeutlicht die Zusammenhänge (siehe Seite 29):

Erläuterungen zum Schaubild:

- *äußere Differenzierung:* Die Jahrgangsklasse wird ganz oder teilweise aufgelöst. Die Schülerinnen und Schüler werden auf verschiedene Schulformen/Schularten verteilt (interschulische Differenzierung) oder innerhalb einer Schule zu neuen Gruppen zusammengestellt (intraschulische Differenzierung). Es folgt eine Selektion zum Zwecke möglichst großer Homogenität der Lerngruppen.

Die Einteilung der Schüler nach ihrer Schulleistung innerhalb ein und derselben Schulart kann auf unterschiedliche Weise geschehen: meistens werden mehrere Parallelklassen zu neuen Teileinheiten zusammengefasst:

- erstens als *streaming,* wenn nämlich die Leistung in Kernfächern (meist Deutsch, Mathematik, Fremdsprache, Naturwissenschaften) insgesamt hoch,

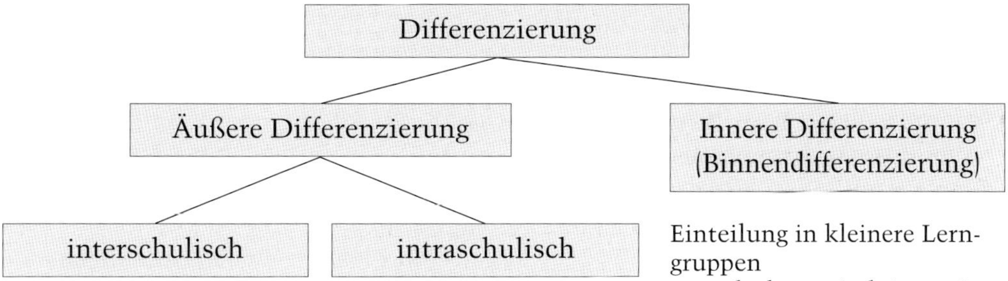

interschulisch

Einteilung in
- allgemeinbildende Schulformen (Grundschule, Hauptschule o. Ä., Realschule, Mittelschule/Sekundarschule, Gymnasium, Förderschulen)
- berufsbildende Schulen (Berufsschule, Berufsfachschule, Fachoberschule, Fachakademie, Berufsförderschule ...)

intraschulisch

Einteilung
- nach der Schulleistung (streaming, setting, flexibel, FEGA, Modularisierung)
- nach Interesse, Neigung oder Wahl
- Schulzweig, Wahlpflichtfächer, Wahlfächer, Arbeitsgemeinschaften, Fachkurse, Projekte, Chor u. Ä.
- nach Geschlecht, Religionszugehörigkeit oder anderen Merkmalen (Sport, Religionsunterricht/Ethik, Sprachförderung usw.)
- nach spezifischem Förderbedarf

Innere Differenzierung (Binnendifferenzierung)

Einteilung in kleinere Lerngruppen
- nach thematisch-intentionalen Aspekten (Schwierigkeitsgrad und Menge der Lerninhalte und Lernziele, Leistungsfähigkeit, Arbeitstempo und Interesse der Schüler berücksichtigen)
- nach methodischen Aspekten (entsprechend den von den Schülern favorisierten unterschiedlichen Sozialformen, Kommunikationsformen und Arbeitsweisen lernen lassen)
- nach medialen Aspekten (für den Lerntyp und die Lernweise der Schüler, passende Arbeits- und Anschauungsmittel zum Lerninhalt zur Verfügung stellen)
- nach sozialen Aspekten (um die soziale Integration einzelner Schüler und das soziale Miteinander in der Klasse zu fördern)
- nach förderdiagnostischen Aspekten im Sinne der Inklusion

mittel oder niedrig ist, erfolgt die Zuweisung meist für ein halbes Schuljahr in einen A- oder B- (oder C-)Kurs (vgl. Gesamtschulen, Hauptschulzüge in Bayern);
- zweitens als *setting*, wenn die Leistung im jeweiligen Kernfach darüber entscheidet, ob der Schüler darin einem A- oder B- (oder C-) Kurs zugewiesen wird;
- drittens als *flexible Differenzierung*, wenn die Zuweisung nicht für ein halbes (oder ganzes) Schuljahr erfolgt, sondern die Schüler mit jeder Unterrichtseinheit auf Grund ihrer spezifischen Leistungsfähigkeit bei diesem Themenbereich neu gruppiert werden (vgl. z. B. in Mathematik bei Geometrie oder Algebra oder bei bedeutsamen Unterrichtseinheiten, wie z. B. Bruchrechnung, Prozentrechnung usw. in drei Leistungsniveaus; in Gesamtschulen, aber auch bei der Modularisierung, z. B. in bayerischen Hauptschulen);

- viertens als *FEGA-Modell,* bei dem die Schüler mehrerer Parallelklassen in einem Unterrichtsfach jahrgangsweise entsprechend ihrem vorhandenen Leistungsstand in die Leistungsgruppe F (Fortgeschrittenenkurs mit dem Fundamentum des Lernstoffs und zusätzlich mehreren Addita) oder E (Erweiterungskurs mit Fundamentum und einem Additum) oder G (Grundkurs mit dem Fundamentum) oder A (Anschlusskurs mit dem Fundamentum und zusätzlichen Lernhilfen) eingeteilt werden und – je nach ihrer Leistungsentwicklung – auf- oder absteigen; zusätzlich gibt es so genannte Liftkurse für das Aufsteigen.

- *innere Differenzierung:* Die Jahrgangsklasse bleibt erhalten. Die Heterogenität wird aber didaktisch reflektiert, genutzt oder zu bewältigen versucht. Innere Differenzierung ist auch in Klassen nötig, die durch äußere Differenzierung entstanden sind, da in diesen immer nur eine relative Homogenität besteht. Individuelle Förderung und soziale Integration sind ihre wesentlichen Ziele. Von der Lernzielgleichheit des Unterrichts kann abgewichen werden (z. B. bei Inklusion).

2.2 Wissenschaftliche Begründungen für das Unterrichtsprinzip Differenzierung

Unstrittig ist, dass die Schule der Verschiedenheit ihrer Schülerinnen und Schüler Rechnung tragen muss. Die Gründe dafür kommen aus unterschiedlichen Wissenschaftsbereichen.

Anthropologische Begründung

Wie beim Unterrichtsprinzip Selbsttätigkeit bereits kurz erwähnt, handelt es sich bei der Persönlichkeitsentwicklung des Menschen um einen sich teilweise in Phasen aufbauenden Entfaltungsprozess, der sowohl von den jeweiligen Lebensumständen und Lebensumwelten abhängig ist als auch vom Profil der im einzelnen Menschen vorhandenen Selbststeuerungskräfte. In dynamischer Weise und von Mensch zu Mensch verschieden sind dabei die drei anthropologischen Strukturfaktoren „Erbanlagen“, „Umwelteinflüsse“ und „bewusste/unbewusste Selbststeuerungskräfte“ interagierend und integrierend am Werke (vgl. „Persönlichkeitsentwicklung als Ko-Konstruktion“). Unter den genetischen Faktoren fasst man die strukturelle Reifung (Altersreife) des Menschen und seine individuell-genetischen Anlagen zusammen. Die soziokulturellen Faktoren umfassen alle Umwelteinflüsse als Lernangebote des Kulturkreises, des Elternhauses, des Freundeskreises, der Schule, des Wohngebiets, des Nationalempfindens bzw. Nationalbewusstseins usw. Die selbststeuernden Faktoren sind teils bewusst vorhanden bzw. entwickeln sich wie z. B. Arbeitshaltungen, Motivationen, Lebensziele, Lebenspläne, Selbstdisziplin, Streben nach Selbstverwirklichung; sie weisen alle die Tendenz zur Bedürfnisbefriedigung, zur Anpassung an die Umwelt, zur schöpferischen Expansion oder zur Aufrechterhaltung der inneren Ordnung auf. Teils sind die selbststeuernden Faktoren auch dem einzelnen unbewusst wie

Leitbilder oder Leitlinien, Angst, Abwehrmechanismen, Neigung zu Verfestigungen oder das Triebleben in der Auseinandersetzung mit dem Ich und dem Über-Ich.
Die Persönlichkeitswerdung ist also ein höchst komplexer, fortschreitender Prozess integrativer Wechselwirkungen zwischen diesen drei Faktoren, wobei jeder der Faktoren bei jedem Menschen anders wirksam ist bzw. sein kann. Infolgedessen ist tatsächlich jeder individuell von jedem und jeder anderen verschieden.
Dabei geht der Mensch als ein produktiv realitätsverarbeitendes Subjekt vor. Mit Wahrnehmungen, praktischem Tun und Denken wendet er sich der Außenwelt (Dingen, Personen, kulturellen Sachverhalten, Problemstellungen, Lernangeboten) zu, macht damit individuelle Erfahrungen und erwirbt sich neues Wissen, Fühlen, Wollen und Können. So macht er sich ein eigenes Bild von der Außenwelt. Diese individuellen Erfahrungen werden allerdings durch Rahmenbedingungen eingeschränkt wie die Lebensumwelt, die Bezugspersonen, die von der Lebensumwelt bevorzugten Arten des Lernens, Sprechens und Verhaltens, individuelle Lernweisen und die von der Umwelt angebotenen Lerninhalte und Lernziele.
Im Laufe seiner Lebensgeschichte erlangt jeder Einzelne also durch die aktive Auseinandersetzung mit den ihn umgebenden Menschen und Dingen eine ganz persönliche Organisation von Verhaltensmerkmalen, Eigenschaften, Einstellungen, Handlungskompetenzen und Selbstkonzepten.
Jeder Mensch, jede Schülerin und jeder Schüler, ist einmalig und unterscheidet sich von den anderen. Interindividuelle Besonderheiten finden sich beispielsweise bei der Ausprägung und dem Entwicklungsstand folgender Persönlichkeitsaspekte:

- körperliche und psychische Konstitution
- Vitalität und Temperament (Reaktionszeit, psychisches Tempo, Introvertiertheit/Extravertiertheit)
- Emotionalität
- besondere Fähigkeiten und Fertigkeiten („Begabungen", Talente)
- Interessen und Neigungen
- Anstrengungs- und Konzentrationsbereitschaft sowie die Gedächtnisfähigkeit
- Lernfähigkeit – beeinflusst durch den generellen Intelligenzfaktor „g" für abstraktes und problemlösendes Denken sowie die spezifischen Intelligenzfaktoren für beispielsweise sprachliche, rechnerische oder praktische Aufgabenstellungen
- psychische, soziokulturelle oder kognitive Bedürfnisse (je nach Elternhaus und Erziehung)
- Sprache, Sprechen sowie allgemeines und soziales Verhalten
- Lern- und Leistungsmotivation und Volitionen
- Verhaltensnormen, Werteinstellungen, Gewissensausprägungen und Überzeugungen
- ggf. Entwicklungsbesonderheiten (vgl. Schüler/Schülerinnen mit sonderpädagogischem und sozialpädagogischem Förderbedarf)

Hinzu kommt noch, dass jeder Schüler durch die Interaktion mit seiner spezifischen Umwelt und die sich daraus ergebende Integration in seine Persönlichkeit individuelle Strukturen des Denkens, Fühlens, Handelns und Wollens in sich aufgebaut hat, die die Voraussetzungen für alle Lern- und Verstehensprozesse in der Schule sind. Assoziationen herstellen, Neues aufnehmen und Unbekanntes erfassen, kann der Schüler nur mit Hilfe und nach Maßgabe seiner je eigenen Strukturen.

Psychologische Begründung

Entwicklungspsychologisch betrachtet und empirisch belegt, sind Entwicklungsunterschiede von Kindern und Jugendlichen, wie sie sich in der Schule zeigen, zurückzuführen auf

- genetisch bedingte oder zerebrale Besonderheiten
- vorgeburtlich oder geburtlich erworbene Beeinträchtigungen
- (oftmals milieubedingte) Erziehungs- und Sozialisationsdefizite
- belastende und unverarbeitete Lebenssituationen
- unangepassten Unterricht und beeinträchtigende Schulerfahrungen.

Die Entwicklungsbesonderheiten von Kindern und Jugendlichen hängen aufs engste mit dem Erfolg ihres schulischen Lernens zusammen. Wird auf sie im Regelschulunterricht keine Rücksicht genommen, werden sie möglicherweise nicht einmal bemerkt, entsteht vom ersten Schuljahr an ein Teufelskreis von Lernproblemen mit der Konsequenz eines negativen Selbstbilds der Betroffenen. Schulangst, Schulversagen, Schulverweigerung und soziale Auffälligkeiten sind meist die Folge. Zu den für das schulische Lernen bedeutsamsten Entwicklungsbesonderheiten, die im Unterricht unbedingt wahrgenommen werden müssen und auf die einzugehen ist, zählen beispielsweise bei den Kindern im Anfangsunterricht der Grundschule:

- die Gleichgewichtswahrnehmung (vestibuläre Wahrnehmung)
- die Wahrnehmung von Berührungsreizen (taktil-kinästhetische Wahrnehmung) einschließlich Körperschema
- die motorisch-kinästhetische Wahrnehmung mit der willentlichen Kontrolle der eigenen Bewegungen
- die visuelle Wahrnehmung mit visueller Differenzierung, Raumlageerkennen, visuellem Gedächtnis, Visumotorik und Formkonstanz
- die Serialität (Muster- und Folgenerkennung)
- die auditive Wahrnehmung mit auditiver Differenzierung, auditivem Gedächtnis und auditiver Gliederung
- die Aufmerksamkeitsfokussierung und das Durchhaltevermögen
- die Lautsprachenkontrolle mit Besonderheiten der Artikulation, der Sprechgeschwindigkeit und Sprechentwicklung

Wahrnehmung und Bewegung bilden am Beginn des schulischen Lernens eine Funktionseinheit, die basale Voraussetzung nicht nur für das Erlernen von Lesen, Rechnen und Schreiben, sondern für alle geistigen, emotionalen und sozialen Entwicklungsprozesse ist.
Entwicklungsbesonderheiten, die der besonderen Förderung bedürfen, sind nicht

nur retardierender Art; Schüler mit diagnostisch festgestellten Leistungsexzellenzen (so genannte Hochbegabte) haben ebenfalls ein Recht darauf. Sie machen durch besonderes Erkenntnisstreben, intrinsische Lern- und Leistungsmotivation, große Selbstständigkeit und Kreativität beim Problemlösen, hohes Lerntempo und ein ausgezeichnetes Lerngedächtnis meist in einem speziellen Lernbereich auf sich aufmerksam.

Die *Lernpsychologie* belegt unter Zuhilfenahme der Neurophysiologie, dass Lernen beim Menschen eine höchst individuelle Sache ist und der Erfolg davon abhängt, ob gehirnkonform unterrichtet wurde. Im Einzelnen unterscheiden sich die Lernenden nämlich durch ihre Hirnhälftendominanz und ihren Lerntyp/ihre Lernstrategien (s. auch Kap. 1, 3 und 5). Wenngleich bei den meisten Menschen eine Dominanz der linken, verbal-analytisch-arithmetisch charakterisierten Hirnhälfte vorliegt, gibt es andere mit einer Dominanz der rechten, synthetisch-geometrisch-bildhaft-musischen Hälfte. Zwar wirken beide Hemisphären bei der Informationsaufnahme mittels des Corpus callosum zusammen; dennoch ergibt sich bei den einzelnen Lernenden eine je unterschiedliche Akzentuierung. Die einen können neue Informationen leichter aufnehmen und behalten, wenn sie ihnen verbal und kognitiv präsentiert werden, die anderen, wenn das bildhaft und synthetisch geschieht. Bei den Lerntypen verhält es sich ähnlich. Hier bilden sich in den ersten drei Lebensmonaten im Zusammenspiel zwischen dem genetisch bedingten Bauplan und den frühen Umwelterfahrungen des Kindes Synapsenschaltungen im Gehirn aus. Sie legen für den Menschen so etwas wie ein Grundmuster der Informationsaufnahme und Informationsverarbeitung fest und zwar mit Schwerpunkten, z. B. auditiv, visuell, haptisch und abstrakt, je nach Lerninhalt verschieden. (vgl. Vester)

Diese, im Kindesalter vorliegenden Muster der Informationsaufnahme und -speicherung können später auf Grund neuer, intensiv praktizierter Lernweisen zu individuellen Lernstilen weiterentwickelt werden. Im Schulalter muss ihnen und den Lernstrategien der Kinder und Jugendlichen Rechnung getragen werden, damit Lernen erfolgreich verlaufen kann.

Pädagogische Begründung

Im 18. Jh. wird das Differenzierungsproblem ein Thema der *Pädagogikgeschichte*. Zwar war es im Mittelalter selbstverständlich, die Schüler nach ihrem Leistungsstand in so genannten Abteilungen, Haufen oder Zirkeln zusammenzufassen und getrennt zu unterrichten. Doch führte ab dem 17. Jh. J. A. Comenius' († 1670) Auffassung, die Natur statte Kinder gleichen Alters mit gleicher Auffassungsgabe und Lernfähigkeit aus, zur jährlichen Einschulung altersgleicher Kinder und damit zur Jahrgangsklasse. Die Erfahrung mit solchem Unterricht führte bald zu der Kritik, die Ungleichheiten an Alter, Fähigkeiten und Lernfortschritten bei einer großen Schülerzahl in der Klasse könnten von keinem noch so guten Lehrer ausgeglichen werden. Der Pietist A. H. Francke († 1727) führte deshalb in Halle ein Fachklassensystem ein, bei dem die Schüler nicht in allen Fächern derselben Klasse angehörten, sondern jeweils der Stufe zugewiesen wurden, die

ihrem Könnensstand entsprach. Auch J. F. Herbart († 1841) sah Zusatzunterricht („Episoden") für Schüler vor, die bei einem Lehrgang dem mittleren Leistungsniveau nicht entsprachen, und sprach sich für die Einrichtung von Übungsklassen aus.
Besonders initiativ war diesbezüglich die Reformpädagogik (1880/90–1933). Beim Dalton-Plan von H. Parkhurst († 1973) lernt jeder Schüler entsprechend seiner Begabung und seinem Lerntempo individuell vorwiegend in Laboratorien oder Fachzimmern. A. Sickinger führte Begabungsklassen in Mannheim ein (Mannheimer System). P. Petersen († 1952) ersetzte im Jena-Plan die Jahresklassen durch jeweils 3 (bzw. 2) Jahrgänge zusammenführende Stammgruppen, führte die Gruppenarbeit ein und bot den Schülern zur Sicherung des Mindestwissens Kurse unterschiedlicher Anforderungsniveaus. Auch der Gesamtunterricht B. Ottos († 1933) und das individualisierende Lernen bei M. Montessori († 1952) oder das gruppenunterrichtliche Verfahren bei H. Gaudig († 1923) zählen zu solchen Initiativen.
Erziehung hat es – *systematisch* betrachtet – mit der Förderung der individualsozialen Persönlichkeit des Menschen (Kindes/Jugendlichen) zu tun. Seine Individualität (im Unterschied zur Personalität, die allen Menschen unterschiedslos zukommt) macht seine Einmaligkeit und Einzigartigkeit aus, das, was den Menschen interindividuell von anderen und – entwicklungsbedingt und zeitabhängig – intraindividuell von sich selbst unterscheidbar macht. Aufgabe der Erziehung ist es, dem Kind oder Jugendlichen zu helfen, sich mit seinen Anlagen und Kräften in einer herausfordernden und zugleich förderlichen Umgebung zur Individualität zu entfalten. Konkret heißt das: In Schule und Unterricht die Lernausgangslage jedes Schülers zu berücksichtigen, seine besonderen Kompetenzen und Interessen didaktisch wahrzunehmen, seine erkennbaren Begabungsschwerpunkte zu beachten und Unterforderung ebenso zu vermeiden wie Überforderung. In der großen Reformperiode zwischen 1965 und 1975 wurde dies programmatisch auf die Forderung nach „Chancengleichheit" und „kompensatorischer Erziehung" konzentriert. Damit waren Fördermaßnahmen in Vorschule und Schule gemeint, die bei Kindern Mängel im Bereich der Sprache, der Denkentwicklung, der Emotionalität und des Allgemeinverhaltens zu beseitigen versuchen, die diesen Kindern auf Grund ihrer familialen Lebensbedingungen entstanden sind und die ihr erfolgreiches Lernen be- oder verhindern. In den 1990er Jahren entwickelte sich daraus die Forderung nach einer Individualisierung des Lehrens und Lernens, um die Heterogenität in der Schulklasse, die sich durch hohe Anteile von Kindern/Jugendlichen mit Migrationshintergrund intensiviert hatte, didaktisch besser zu berücksichtigen. Die Forderung nach Individualisierung besagt, dass den einzelnen Schülern in den jeweiligen Unterrichtsfächern Lernangbote gemacht werden sollen, die speziell auf ihre Lernvoraussetzungen, ihr Lerntempo, ihre bevorzugten Lernweisen, ihre Lerninteressen und ihre Lernfähigkeiten zugeschnitten sind. Jeder Schüler/jede Schülerin lernt dabei auf seine/ihre Weise, gewinnt Einblick in das eigene Lernen und erreicht nach einer bestimmten Lernzeit Ziele und Kompetenzniveaus, die von denen der anderen Schüler verschieden sind.

Soziologisch-gesellschaftliche Begründung

In der demokratischen Gesellschaft hat jeder das Recht auf freie Entfaltung seiner Persönlichkeit, soweit dabei nicht die Rechte anderer, die staatliche Ordnung und das Sittengesetz beeinträchtigt werden. (vgl. Grundgesetz Art. 2)
In die Länderverfassungen findet dieses Recht Eingang und liest sich dann beispielsweise so: „Jeder Bewohner ... hat Anspruch darauf, eine seinen erkennbaren Fähigkeiten und seiner inneren Berufung entsprechende Ausbildung zu erhalten." (Bayerische Verfassung Art. 128) Aus diesen Rechten ergibt sich, dass die Individualität der Bürger in der Struktur des Bildungswesen Beachtung beansprucht. Das gegliederte Schulwesen mit seiner äußeren Differenzierung versucht dem ebenso Rechnung zu tragen wie die äußeren und inneren Differenzierungsformen in den anderen Schularten und Schulformen.
Die bundesrepublikanische Gesellschaft ist ferner eine hochdifferenzierte Leistungsgesellschaft. Ihr Berufssystem ist sehr spezifiziert. In den letzten Jahrzehnten veränderten sich auf Grund der Informations- und Kommunikationstechnik und des Wandels von der produzierenden Industriegesellschaft zur globalen Wissens- oder Informationsgesellschaft mit hohen Anteilen an Dienstleistung viele Berufszweige und Berufsfelder; neue Spezialisierungen entstanden, die Anforderungen an die Schulabgänger stiegen. Um diesen Entwicklungen nachzukommen, muss die Schule eine differenzierte Schule sein. Durch Differenzierung muss einerseits die erforderliche Spezialisierung vorbereitet und das Begabungspotential der nachwachsenden Generation ausgeschöpft werden; andererseits muss durch Differenzierungsmaßnahmen verhindert werden, dass es durch Schulscheitern und Schulprobleme zur Entstehung von sozialen Randgruppen und „drop-outs" kommt.

2.3 Möglichkeiten und Grenzen bei der Realisierung des Unterrichtsprinzips Differenzierung

Eine differenzielle Didaktik, die die Schüler „da abholt, wo sie stehen" und die die Inhalte, Ziele, Methoden und Medien des Unterrichts ihren Fähigkeiten, Erfahrungen und Interessen anpasst, hat dazu verschiedene Möglichkeiten. Allerdings sind auch deutliche Grenzen erkennbar.

Möglichkeiten

Differenzierung kann es beim Schulsystem, bei der einzelnen Schule und beim Unterricht in jedem Schulfach geben. In allen drei Fällen werden Schüler und Schülerinnen nach Leistung, besonderen Befähigungen, Interessen/Neigungen, Persönlichkeitsmerkmalen, allgemeinen und unterrichtsbezogenen Verhaltensweisen verteilt und gruppiert. Differenzierung als Unterrichtsprinzip verfolgt kompensatorische, remediale und Kompetenz verstärkende Ziele und nutzt dazu die folgenden Möglichkeiten:

Kompensation zu leisten und bzw. oder vorhandene Kompetenz zu verstärken ist die Funktion der Binnendifferenzierung durch Gruppenarbeit, Partnerarbeit und Einzelarbeit. Diese Sozialformen werden je nach Lerninhalt, Lernzielen, Lerngruppen und Lernsituation eingesetzt, um die Heterogenität der Schüler beim Lernen zu kompensieren (defizitorientierter Ansatz) oder vorhandene besondere Befähigungen der Schüler für das Lernen zu nutzen (kompetenzorientierter Ansatz).
Von *Gruppenarbeit* spricht man, wenn etwa 3–6 Schülerinnen/Schüler zeitweilig ohne Steuerung durch den Lehrer/die Lehrerin unterrichtbezogen tätig sind, dabei gemeinsam, in sozialer Akzeptanz eine vorgegebene Aufgabenstellung erledigen (Phase 2) und das Arbeitsergebnis anschließend den anderen Mitschülern mitteilen (Phase 3). Die Gruppenarbeit kann aufgabengleich/arbeitsgleich oder aufgabenverschieden/arbeitsteilig sein und wird durch den Lehrer eingeführt (Phase 1), indem dieser den Klassenunterricht auf die Gruppenarbeit hinlenkt, die Gruppen zusammenstellt bzw. sich zusammenfinden lässt, Arbeitsziele nennt, Arbeitsmaterialien ausgibt und Arbeitsanweisungen erteilt.
Leistungsbezogene Differenzierung erfolgt durch eine Gruppenarbeit, die in quantitativer und qualitativer Hinsicht aufgabenverschieden oder arbeitsteilig ist. Im erstgenannten Fall wird der für alle verbindlich zu lernende Unterrichtsgegenstand (= Fundamentum oder: das von allen Schülern/Schülerinnen zu erwerbende Kompetenzniveau) nach Arbeitstempo, Darstellungsart, Umfang und ggf. mit spezifischen Lernhilfen differenziert dargeboten; im Falle qualitativer Differenzierung erledigen Schüler nicht nur das Fundamentum, sondern zusätzlich ein Additum (= erweitertes und fortgeschrittenes Kompetenzniveau), das sowohl vertiefend (d. h. komplexer und komplizierter) als auch weiterführend ist, das Fundament einer folgenden Unterrichtssequenz dabei aber möglichst nicht vorwegnehmen soll. Bei Inklusionsunterricht wird die Differenzierung zur Individualisierung mit auf die Besonderheiten des Schülers/der Schülerin abgestimmten Zielen und Inhalten.
Eine Gruppendifferenzierung, die die Neigungen und Interessen der Schüler bedenkt oder auch ihre soziale Integration bezweckt, kann sowohl aufgabengleich als auch aufgabenverschieden sein. Bei der Neigungsdifferenzierung liegen Auswahl und Zusammensetzung der Gruppen bei den Schülern selbst, bei sozialen Zielen lenkt der Lehrer beides.

Beispiele für Gruppenarbeit, die die Heterogenität der Schüler reduziert, sind:

- Bildgeschichte im Fremdsprachenunterricht
  leistungsheterogene Gruppen:
  Gruppe 1: Den Inhalt jedes Bildes mit Hilfe von vorgegebenem Kernvokabular in kurzen Einzelsätzen zusammenfassen.
  Gruppe 2: Den Inhalt jedes Bildes mit eigenen Worten kurz schriftlich zusammenfassen.
  Gruppe 3: Die Bildgeschichte als dynamische Erzählung schreiben.

- Textanalyse im Deutschunterricht
  leistungsheterogene Gruppen:
  Gruppe 1: Rekonstruieren des Textinhalts mit Hilfe von Leitfragen
  Gruppe 2: Herausfinden und Zusammenfassen der zentralen Aussagen des Textes
  Gruppe 3: Interpretation der zentralen Textaussagen durch Nutzung zusätzlicher, selbst erarbeiteter Informationsquellen
- Textrezeption (in allen Unterrichtsfächern)
  interessens- und fähigkeitsheterogene Gruppen:
  Die Schüler überlegen sich unterschiedliche (kreative) Darstellungsformen zu einem Text (z. B. eine Szene aus A. de Saint-Exupérys Buch „Der kleine Prinz")
- Mathematikaufgaben (z. B. Dreieckskonstruktionen)
  leistungsheterogene Gruppen:
  Die Aufgaben des Schulbuchs neu gruppieren (nach Schwierigkeitsgrad, Lernzeitaufwand, Komplexität, Anwendung, Transfer) und unterschiedliche Arbeitsblätter für leistungsdivergente Schülergruppen erstellen.
- Mathematikaufgaben (z. B. Winkelsumme im Dreieck)
  Heterogenität hinsichtlich der Lerntypen und Lernweisen der Schüler:
  - ein beliebiges Dreieck ausschneiden und durch Falten oder Abreißen beweisen, dass die Winkelsumme 180° ist
  - auf den Fußboden mit Kreide ein großes Dreieck aufzeichnen, es nachgehen, dabei auf die jeweilige Blickrichtung und die Körperdrehung achten und am Schluss die Drehung in Grad angeben
  - die gegebenen Punkte A (1;1), B (8;2) und C (4;4) zeichnen, zu einem Dreieck verbinden, die Innenwinkel ausmessen und addieren
  - die Summe der Winkel aus dem angegebenen Dreieck durch Winkelübertragung bestimmen
  - an die Enden einer Latte zwei etwas längere Latten bewegbar anschrauben, daraus unterschiedlich große Dreiecke machen und jeweils deren Innenwinkel messen und addieren
  - das Schulbuchkapitel zur Winkelsumme zum Selbsterarbeiten geben.

Bei der *Partnerarbeit* bewältigen zwei Schüler eine Aufgabenstellung gemeinsam und bringen sich dabei persönlich mit ihren besonderen Fähigkeiten oder Fertigkeiten ein. Streng genommen sollen sich beide dabei ergänzen, interessiert daran sein, zusammen etwas zu schaffen, eben Partner zu sein. Das bedeutet, dass eine Ich-Du-Beziehung aufgebaut wird, die auch für leistungsheterogene Lernpaare (Mitschüler als Tutoren) und zum Erreichen sozialer Lernziele genutzt werden kann. Einsatzmöglichkeiten sind vor allem

- Übungsaufgaben
- Kontrollieren der Lernergebnisse
- selbstentdeckendes Lernen, Experimentieren, Erkunden, Produzieren.

Lernen in *Einzelarbeit* bietet die Möglichkeit zur intensivsten und konsequentesten Form von Differenzierung, nämlich der *Individualisierung.* Der Schüler arbeitet hierbei ohne direkte Führung des Lehrers und ohne Hilfe von Mitschülern oder anderen Personen. Bei der Alleinarbeit können Über- und Unterforderungen dadurch vermieden werden, dass jeder einzelne Schüler Aufgaben zugeteilt bekommt oder sich auswählen kann, die seiner Lernausgangslage entsprechen und die sich auf dem für ihn nächst erreichbaren Anforderungsniveau („dosierte Diskrepanz") befinden; diese Aufgaben sollen seine Neugier wecken, seine Lernkapazität und sein Lerntempo berücksichtigen sowie in kurzen Abständen von ihm und dem Lehrer auf Richtigkeit überprüft werden können. Beispiele dafür sind:

- die Stillarbeit als kurze Vertiefungs-, Übungs- oder Erarbeitungsphase im Klassenunterricht
- die Hausaufgabe, die ebenfalls der Übung, Vertiefung und Anwendung des in der Schule Gelernten dient und möglichst differenziert zu stellen ist
- das Lernen mit Hilfe des Computers und einer Software, die bei bestimmten Unterrichtsinhalten (z. B. Grammatik) die Lerndefizite des einzelnen Schülers diagnostiziert und ihm darauf abgestimmte Übungsaufgaben stellt, diese korrigiert und ihm zusätzlich seinen eigenen Lernweg transparent macht.
- das Arbeiten mit Aufgabenstellungen und Materialien, die auf den einzelnen Schüler abgestimmt sind (Individualisierung).

2. Differenzierung durch unterrichtsmethodische Einzelmaßnahmen

Differenzierung liegt immer dann vor, wenn Schüler/Schülerinnen mit ihren spezifischen Lern- und Handlungsmöglichkeiten im Unterricht berücksichtigt werden. Das ist sowohl bei Schülerreferaten der Fall als auch bei Impulsen oder offenen und divergenten Lehrerfragen, Blitzlicht, Brainstorming und vielen anderen methodischen Kleinformen. Es gilt für die Freie Arbeit, die Tages-/Wochenplanarbeit und das Stationentraining auf Grund der unterschiedlich schweren, umfangreichen, verschiedene Sinne ansprechenden Arbeitsaufgaben ebenso wie für das Bereitstellen von Lernlandschaften im Klassenzimmer mit frei wählbaren Lernangeboten. Differenzierung ist gegeben, wenn sich Schüler als Experten über ihre Hobbys oder Interessensgebiete themenbezogen in den Unterricht einbringen oder beim „Lernen durch Lehren (LdL)" zeitweilig die Rolle des Lehrers übernehmen. Bei der Planung von Exkursionen und Erkundungen kommt es dazu und natürlich im Rahmen des projektorientierten Unterrichts. Auch durch solche unterrichtsmethodischen Einzelmaßnahmen wird die Kompetenz einzelner Schüler verstärkt und wird Kompensation erreicht.

3. Differenzierung durch Förderunterricht und Fördermaßnahmen

Sind Leistungsrückstände und Lernprobleme von Schülerinnen/Schülern durch Maßnahmen der inneren Differenzierung nicht zu beheben oder zu verringern, kommt „remediale" Differenzierung durch zusätzlichen *Förderunterricht* oder durch besondere *Fördermaßnahmen* in Frage. Bei dieser Form der äußeren Differenzierung arbeiten die Schüler in kleineren, manchmal altersheterogenen Gruppen mit Lehrern, Psychologen oder auch Therapeuten in einer entspannten Lernatmosphäre, ohne Zeitdruck, mit kleinen, Erfolg ermöglichenden Lernschritten und viel anschaulich-konkret arrangierten Übungs- und Wiederholungsphasen an ihren Lern- und Verhaltensproblemen. Voraussetzung für erfolgreichen Förderunterricht ist eine Förderdiagnose, die die Probleme des Schülers in einer Kind-Umfeld-Analyse multikausal ermittelt und dann für ihn einen speziellen Förderplan entwirft, der lernbegleitend angepasst werden muss. Die häufigsten Formen sind:

- vorausarbeitender oder nacharbeitender Förderunterricht in enger Verbindung mit dem Regelunterricht in Kleingruppen und zusätzlich erteilt
- Team-Teaching von Fachlehrern in Parallelklassen, die die gesamte Lerngruppe aufteilen und die Lernschwächeren mit besonderen Aufgaben und Lernhilfen unterrichten
- Intensivierungsstunden, bei denen die Klasse aufgeteilt wird und sowohl den leistungsstarken und besonders interessierten Schülern besondere Lernanreize als auch den Leistungsschwachen besondere Hilfen gegeben werden können
- Hausaufgabenbetreuung und nachmittägliche Nachhilfe, teils von der Schule durchgeführt, teils privat, teils kommerziell betrieben
- in Kursen organisierter Förderunterricht für Schüler mit spezifischen Lernproblemen (z. B. Lese-Rechtschreib-Schwäche, Rechenschwäche, Hyperaktivität usw.), durchgeführt von sonder- und sozialpädagogisch ausgebildeten Lehrern in genauer Absprache mit den Regelschullehrern
- Fördermaßnahmen, organisiert von der Schule und den sozialen Institutionen des Umfelds der Schule, für Schüler aus Aussiedler- und Ausländerfamilien zur besseren sprachlichen und sozialen Integration
- therapeutische Maßnahmen, durchgeführt von außerschulischem Fachpersonal (Ärzte, Psychologen, Therapeuten, Sozialpädagogen) in Absprache mit den Lehrern des betreffenden Schülers.

4. Differenzierung durch freiwillig wählbare Lernangebote der Schule

Die Kompetenz der Schülerinnen/Schüler verstärken und neue Kompetenzen entdecken helfen, dazu dienen Wahlpflichtkurse, Wahlkurse, wählbare Themenschwerpunkte in einem Fach, Freie Arbeitsgemeinschaften sowie Aktionen/Aktivitäten des Schullebens, die es an den Schulen gibt. Besonders diese Interessens- und Neigungsdifferenzierung dient der Entfaltung der Schülerindividualität. Sie wirkt sich positiv auf die Lern- und Leistungsmotivation der Schüler aus, vergrößert ihre Initiative, Selbstständigkeit, Entscheidungsfähigkeit und Eigenverantwortlichkeit, unterstützt die Ausbildung ihrer sozialen Kompetenzen (Toleranz, Rücksichtnahme, Kooperationsbereitschaft, Kontaktfähigkeit) und hilft ihnen bei der Berufsfindung und der sinnvollen Freizeitnutzung.

Grenzen

1. Didaktische Probleme: Erstens ist es nicht in allen Fächern gleich gut möglich, klar zu bestimmen, was in einer Unterrichtseinheit Fundamentum und was Additum ist bzw. sein kann. Zweitens ist es häufig so, dass sich Schüler, die ein erweiterndes Additum bearbeiten, uneinholbar von den schwächeren Mitschülern entfernen. Es entsteht ein Schereneffekt zwischen den leistungsschwächeren und den leistungsstärkeren Schülern.
2. Organisatorische Probleme: Vorbereitung und Durchführung von differenziertem Unterricht beanspruchen nicht nur erheblich mehr Arbeit auf Seiten des Lehrers, sondern kommen nicht selten auch an Grenzen bei den Arbeitsmaterialien, den Räumlichkeiten und dem Lernzeitbedarf; das gilt vor allem auch bei der Individualisierung.
3. Diagnostische Probleme: Um den Unterricht den tatsächlichen Lernvoraussetzungen anpassen zu können, benötigt der Lehrer detaillierte Kenntnisse über die Lernentwicklung und das Lernumfeld des Schülers und muss darüber hinaus über die diagnostische Kompetenz verfügen, diese im schulischen Lernprozess wahrzunehmen.
4. Motivationale Probleme: Erstens gibt es in heterogenen Klassen den so genannten Zugpferd-Effekt, d. h. dass leistungsschwächere Schüler durch Mitschüler mit etwas höherer Leistung zu besseren Lernergebnissen angespornt werden. Zweitens haben empirische Studien belegt, dass von homogenen Lerngruppen nicht alle Schüler gleichermaßen profitieren: die leistungsschwachen und langsam lernenden Schüler am wenigsten, wohl aber die leistungsstarken und vor allem die Schüler mit mittlerem Leistungsniveau. Drittens führt die Zuweisung zu verschiedenen Leistungsniveau-Kursen bei Schülern des unteren Niveaus zu einem negativen Selbstbild, nämlich der ausgelesene Rest zu sein, für den sich Lernanstrengungen in Wirklichkeit nicht lohnen.
5. Probleme bei der Leistungsbeurteilung: Bei der Festlegung von Einzelleistungen und bei der Vergleichbarkeit der Leistungsbeurteilungen ergeben sich Schwierigkeiten, wenn Schüler in Gruppen arbeiten und nach Leistungsfähigkeit differenziert wird. Bei der Individualisierung stellt sich das Problem, wie Schulabschlüsse zu definieren sind, wenn die Schüler stark unterschiedliche Kompetenzniveaus erreicht haben.
6. Spezielle Probleme bei der Bildung homogener Leistungsgruppen: Erstens lässt sich Homogenität immer nur in Bezug auf ein Schülermerkmal (z. B. die kognitiven Leistungsergebnisse in einem oder mehreren Fächern zu einem bestimmten Zeitpunkt) herstellen; da andere Schülermerkmale außer Acht bleiben, kann lediglich eine relative Homogenität oder Quasi-Homogenität erreicht werden. Zweitens steigen bei der Leistungsdifferenzierung Konkurrenzdruck, Versagensangst und soziale Abgrenzung bei den Schülern. Drittens besteht die Gefahr von Fehleinstufungen, da die Schulleistung der Schüler von vielen Variablen abhängt, die mit dem Schüler selbst, seinem privaten Umfeld und dem Schulunterricht zu tun haben und deshalb Schwankungen unterworfen ist.

3. Das Unterrichtsprinzip Veranschaulichung

„Ein Bild sagt mehr als 1000 Worte" heißt es im Volksmund, „Anschauungsmittel sind Mittel, die Anschauungen schaffen" liest man in einem älteren Didaktikbuch. Daraus geht schon hervor: Das Unterrichtsprinzip Veranschaulichung hat es zwar mit dem Medieneinsatz im Unterricht zu tun, aber nicht nur; denn Anschauungen erwerben meint noch mehr und anderes.
Veranschaulichung hängt besonders eng mit den Unterrichtsprinzipien Motivierung, (mediale) Differenzierung und Ganzheit zusammen. Medienorientierter Unterricht, Entdeckendes Lernen (an der Realität), Erfahrungslernen und Erlebnisorientiertes Lernen berücksichtigen als Unterrichtskonzeptionen dieses Prinzip.

3.1 Begriffsbestimmung

Einen Gegenstand oder Sachverhalt veranschaulichen heißt, bei jemanden eine Anschauung von ihm zu ermöglichen. Ihn durch ein mediales Arrangement sinnlich wahrnehmbar zu machen, reicht als Veranschaulichung allein nicht aus. Wird er nämlich auf solche Weise präsentiert, erleichtert das zunächst nur seine Wahrnehmung durch die Sinnesorgane. Damit es wirklich zu einer Anschauung über den Sachverhalt beim Menschen kommt, bedarf es einer inneren, denkenden Verarbeitung des Wahrgenommenen, der Bildung einer Vorstellung von ihm. Diese innere Befassung mit dem Gegenstand oder Sachverhalt ist (dynamisch) als Verstehens- oder Erkenntnisprozess zu betrachten (als Operation), an dessen Ende (statisch) das klare innere Bild des Sachverhalts steht, seine Integration in die vorhandene kognitive Struktur des Menschen vollzogen ist. Infolgedessen kann man zwischen *äußerer Anschauung* und *innerer Anschauung* unterscheiden. Mit der einen ist die sinnliche Wahrnehmung des Gegenstands oder Sachverhalts gemeint, mit der anderen dessen innere Verarbeitung zu einer zutreffenden Vorstellung. Wird diese (kognitive) Vorstellung auf ungewohnte und neue Weise verändert, spricht man von einer *schöpferischen Anschauung* des Objekts oder Sachverhalts. Im Wort *Weltanschauung* begegnet der Begriff noch im Sinne des Bilds von Mensch und Welt, das sich jemand gebildet hat oder bei dem er sich einer religiösen oder auch politischen Deutungsform anschließt.
Veranschaulichung ist demnach auch in Schule und Unterricht nicht dasselbe wie Medieneinsatz! Es geht bei diesem Unterrichtsprinzip vielmehr darum, über die äußere Anschauung von Lerngegenständen beim Schüler/bei der Schülerin eine innere Anschauung anzubahnen. Der Schüler ist daran aktiv beteiligt. Denn erstens ist die Wahrnehmung durch die Sinne hier kein bloßes Rezipieren, da die (an sich selektive) Wahrnehmung aufmerksamkeitsgesteuert und strukturiert ablaufen muss; zweitens ist die Bedeutungskonstruktion und Begriffsbildung aus den Sinneseindrücken eine individuelle Leistung des lernenden Subjekts. Der Klarheit halber muss noch darauf hingewiesen werden, dass bei der äußeren Anschauung keineswegs nur an das Auge gedacht ist, sondern ebenso an Ohr, Zunge, Nase, Tast- und Bewegungssinn.

Das Unterrichtsprinzip Veranschaulichung fordert, Lerninhalte so aufzubereiten, dass sich Schülerinnen/Schüler über Sinneseindrücke eine genaue Vorstellung und eine sachgemäße Kenntnis davon verschaffen können.

3.2 Wissenschaftliche Begründungen für das Unterrichtsprinzip Veranschaulichung

Auch das Unterrichtsprinzip Veranschaulichung lässt sich wissenschaftlich mit verschiedenen Argumenten untermauern.

Anthropologische Begründung

Die Frage, wie der Mensch zu Erkenntnissen gelangt, bewegt die philosophische Anthropologie besonders seit dem Aufklärungsjahrhundert und den Kontroversen zwischen Empiristen (Th. Hobbes, J. Locke u. a.) und Sensualisten (D. Hume u. a.) auf der einen, und den Vertretern des Rationalismus (R. Descartes, G. W. Leibniz u. a.) auf der anderen Seite. Nahmen die einen an, alle Erkenntnis könne ausschließlich aus der Erfahrung und dort wesentlich aus der Sinneswahrnehmung entstehen, votierten die anderen für Verstand und Vernunft als alleinige Erkenntnisquelle und das Vorhandensein von „angeborenen Ideen". I. Kant († 1804) suchte in der „Kritik der reinen Vernunft" (1781) die krasse Gegenüberstellung mit der Formel „Gedanken ohne Inhalte sind leer, Anschauungen ohne Begriffe sind blind" zu überwinden. Demnach ist menschliche Erkenntnis nicht ohne Anschauung und sinnliche Wahrnehmung möglich, was aber nicht bedeutet, dass sie ohne das Vorhandensein vorgegebener Verstehensdispositionen und Verstehenskategorien gewonnen werden könnte. Erkenntnis ist also eine Weise des Denkens, die auf Sinneserfahrungen aufbaut; sie erschöpft sich aber nicht im sinnlichen Erfassen der Dinge, sondern besteht aus deren kognitiver Durchdringung, für die die Befähigung des Intellekts grundsätzlich vorgängig sein muss. So kommt es zu der Formel: „nihil est in intellectu quod non fuerit in sensibus, nisi intellectus ipse."

Verstärkung bekommt diese philosophische Überlegung durch die Kognitionstheorie von J. Piaget († 1980). Ihr zufolge benötigt das Kind im vorschulischen Alter und im Grundschulalter besonders dringend wirklichkeitsnahe, der unmittelbaren Erfahrung zugängliche Objektbeziehungen, um sein Denken alters- und phasengerecht entwickeln zu können. In der Phase der sensumotorischen Intelligenz (bis 2 Jahre), der des symbolischen, intuitiven oder vorlogischen Denkens (bis 6 Jahre) und der des konkret operativen Denkens (bis ca. 12 Jahre) steht die phänomengebundene äußere Anschauung im Zentrum des Aufbaus von Vorstellungen und inneren Bildern. Ohne sie könnte es weder zur Begriffsbildung noch zum Schlussfolgern kommen. Erst danach kann sich das Kind mehr und mehr aus der Anschauungsgebundenheit lösen.

Psychologische Begründung

Die *Lernpsychologie* trägt mit verschiedenen Argumenten zur Begründung des Prinzips der Veranschaulichung bei. Ein erstes ergibt sich aus der „Theorie der doppelten Kodierung" (vgl. P. Paivio). Sie macht sich die Forschungen zu den Hemisphären des menschlichen Gehirns zueigen, die aus dem folgenden Schaubild zu erkennen ist:

Linke Hirnhälfte (rechte Körperhälfte)	Rechte Hirnhälfte (linke Körperhälfte)
Sprache/verbale Codes	räumlich/musikalische
Logik/Mathematik	Darstellung
detailgerecht	Kunst, Symbole
linear abfolgend	ganzheitlich
kontrolliert	gleichzeitig
intellektuell	gefühlbestimmt
dominant	intuitiv, kreativ
weltlich	leise, verhalten
aktiv	geistlich
analytisch	rezeptiv
lesen, schreiben,	synthetisch
benennen	bildlich auffassen
logisch ordnen	als Gestalt empfinden
Erfassen der bestimmend. Ordn.	Begreifen abstrakter Muster
Ausüben vielfacher Bewegungsfolgen	Erkennen schwieriger Formen

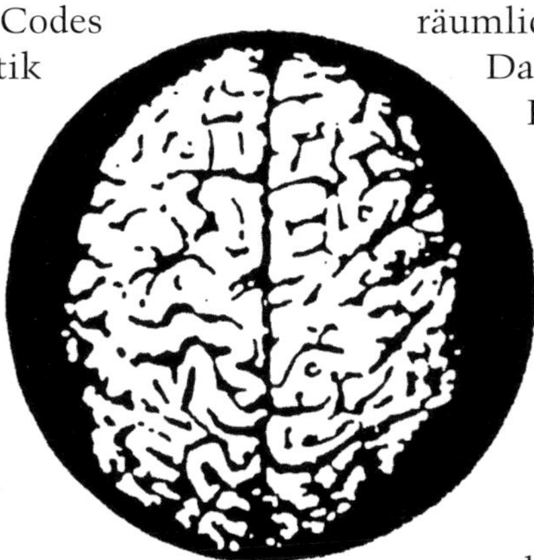

Hemisphären des menschlichen Gehirns (McLuhan) (aus Vester)

Die linke Hirnhälfte ist demnach mehr für die Verarbeitung symbolischer (digitaler), die rechte mehr für ikonische (analoge) Zeichen sensibilisiert. Beide Zeichensysteme weisen Vor- und Nachteile auf. Digitale Systeme wie Sprache, Schrift, Zahlen sind sehr flexibel, höchst abstrakt und werden linear-sukzessiv aufgenommen, ikonische dagegen wie Bild- und Schallaufzeichnungen sind komplex, konkret und werden simultan erfasst. Erstere sprechen den Verstand, letztere das Gefühl beim Menschen an. Da das limbische System im menschlichen Gehirn eine vor der Kognition vorgeschaltete emotionale Wertungsinstanz ist, kommt es für erfolgreiches Lernen wesentlich darauf an, den Lernstoff so aufzubereiten, dass er beide Gehirnhälften betrifft. Das spricht dafür, auf die Einbeziehung der Sinne besonders zu achten.
Diese Forderung wird von der *Gedächtnispsychologie* unterstützt. Zum einen macht sie darauf aufmerksam, dass der Prozess der Aufnahme und Verarbeitung von Informationen mit dem Ultrakurzzeitgedächtnis beginnt, das ein sensorisches Register ist. Neue Informationen werden zuerst durch die Sinnesorgane

wahrgenommen und dort etwa 1 sec lang als elektrische Impulse im Gehirn gehalten. Soll die neue Information überhaupt beim Schüler ankommen, müssen die Sinnesreize so klar und eindrucksvoll sein, dass sie – bei vorhandener Aufmerksamkeit – auch adäquat wahrgenommen werden und ins Arbeitsgedächtnis gelangen können. Empirische Untersuchungen belegen seit langem, dass die Veranschaulichung im Unterricht durch reale Gegenstände, bildliche Darstellungen und Modelle eindeutig bessere Schülerleistungen beim Auffassen und Behalten neuen Lernstoffs gegenüber verbaler Darstellung bringt. Im Übrigen muss angesichts des stark verbal dominierten Schulunterrichts daran erinnert werden, dass der Mensch nur 13 % der Informationen über das Gehör aufnimmt, wohl aber 75 % mit den Augen (sowie 6 % mit dem Tastsinn und je 3 % mit dem Geschmacks- und dem Geruchssinn).
Das hängt auch damit zusammen, dass Lernen leichter am Gegenständlichen, mit den Sinnen Erfahrbaren gelingt (vgl. begreifen = be-greifen). Das ist im Schulunterricht nicht immer möglich, da viele Lerngegenstände nicht dort vorhanden sind, wo sie unterrichtet werden, oder weil sie zu kompliziert oder zu gefährlich für den Umgang der Schüler sind. Jedenfalls wo ein unmittelbares Be-greifen nicht möglich ist, bedarf es entsprechender Mittel der Veranschaulichung (s. auch Kap. 5).
Die *Motivationspsychologie* hat nachgewiesen, dass das Interesse von Schülern an einem Sachverhalt mit der Art seiner Darbietung korreliert. Durch Anschauungsmittel – vor allem das reale Objekt, das Modell und die mehrfarbige bildliche Darstellung – fühlen sie sich stärker motiviert, sich mit einem Lerngegenstand über einen längeren Zeitraum hin zu befassen. Ein Einbeziehen möglichst vieler Sinne (multisensorisches Lehren) vergrößert die Möglichkeiten dazu.

Pädagogische Begründung

Aus der *Pädagogikgeschichte* ist J. A. Comenius († 1670) der erste Gewährsmann für das Unterrichtsprinzip Veranschaulichung. In seinem Buch „Didactica magna" (1657) proklamiert er als goldene Regel für alle Lehrenden: „Alles soll wo immer möglich den Sinnen vorgeführt werden, was sichtbar dem Gesicht, was hörbar dem Gehör, was riechbar dem Geruch, was schmeckbar dem Geschmack, was fühlbar dem Tastsinn, und wenn etwas durch verschiedene Sinne aufgenommen werden kann, soll es den verschiedenen zugleich vorgesetzt werden." Denn seiner Meinung nach nimmt alle Erkenntnis ihren Anfang bei den Sinnen, wird das sinnlich Wahrgenommene besser behalten und gründet die Sicherheit aller Wissenschaft auf dem Sinneszeugnis. Sind „die Dinge selbst nicht zur Hand", empfiehlt er als „Stellvertreter" Modelle und Bilder, die extra für den Unterricht angefertigt werden. Comenius hat das in seinem Schulbuch „Orbis sensualium pictus" auch praktisch demonstriert. Der Philanthrop J. B. Basedow († 1790) schuf in seinem „Elementarwerk" (1774) ein Jahrhundert später ein ähnlich anschauliches Schulbuch mit 100 Kupferstichen zu allen möglichen Gegenständen und Lebenssituationen, damit der Schulunterricht von der Anschauung und Erfahrung zu den Realien fortschreiten könne. Für J. H. Pestalozzi († 1827) ist in der Schrift „Wie Gertrud ihre Kinder lehrt“ (1801) „die Anschauung das absolute Fundament aller Erkenntnis“ und muss „jede Erkenntnis von der Anschauung ausgehen und auf sie zurückgeführt werden können“. Ausgewählte „Gegenstände“ sollen den Lernenden so „vor den Sinnen stehen“, dass sie durch ihren Eindruck deren Bewusstsein „regmachen“ zu begreifen, was an ihnen wesentlich ist. J. F. Herbart († 1841) förderte die Anschauung durch Bilder, Modelle und Erkundungen an realen Objekten, aus denen klare Begriffe gewonnen werden sollten. Die Reformpädagogische Bewegung (1880/90–1933) bezog dieses Unterrichtsprinzip vor allem auf die Grundschule, speziell den „heimatkundlichen Anschauungsunterricht“ als Mitte des ungefächerten Gesamtunterrichts (1921). Er soll von der Erfahrungswelt der Kinder ausgehen, ihre Beobachtungen und Erlebnisse aufgreifen und zu Erzählungen, Märchen, Liedern, malendem Zeichnen, Schreiben, Rechnen und Singen in Beziehung setzen.

Die pädagogische *Systematik* führt nicht nur zu einer Einteilung der Anschauungsmittel in „Realität“ (original/präpariert/lebendig/leblos), „Abbildung“ (auditiv/visuell/audio-visuell) und „Symbol“ (grafische Zeichen/Farbe) oder in traditionelle Medien (Tafel, Schulbuch, CD usw.) und digitale Medien (Internet, Hypertext, E-Mail usw.). Sie thematisiert auch die Bildungsbedeutsamkeit und die Bildungswirkung von Anschauungsmitteln. W. Klafki (1964 ff.) versteht in seiner kategorialen Bildungstheorie die Anschauung als wichtigen Faktor bei der Begegnung des Menschen mit dem Objektiven, bei der doppelseitigen Erschließung des Menschen durch und für die Welt. Allerdings sind seiner Meinung nach nicht alle Lerngegenstände für diese Erschließung gleichermaßen gut geeignet; vielmehr sind solche zu bevorzugen, bei denen sich Wesentliches in exemplarischer, typischer, repräsentativer und elementarer Form zum Ausdruck bringt und die den Schüler zur Lernanstrengung herausfordern. Außerdem hält die pädagogische Argumentation daran fest, dass die Veranschaulichung nicht allein ein probates Mittel zur Erleichterung und Beschleunigung der Wissensaneignung ist, sondern zu Erkenntnis und Anschauung auf Seiten der Schüler führen soll. Dieser Vorbehalt ist besonders wichtig angesichts einer Gesellschaft, in der Medien für alle Lebensbereiche zunehmende Bedeutung gewonnen haben und in denen die gesteigerte Mediennutzung durch Kinder und Jugendliche andere Formen der Outdoor-Freizeitbeschäftigung verdrängt haben.

In engem Zusammenhang mit der Forderung nach Veranschaulichung im Unterricht steht die Notwendigkeit einer Medienerziehung in der Schule. Sie muss sich am Ziel der Mündigkeit orientieren und Schüler Lernerfahrungen in vier Bereichen machen lassen: im Analysieren von Medienproduktionen, im Produzieren, Verbreiten und Evaluieren von Medien, im Kritisieren von Medien und Medienproduktionen sowie im verantwortlichen Nutzen von Medienangeboten.

Soziologisch-gesellschaftliche Begründung

Die heutige Gesellschaft kann als Mediengesellschaft bezeichnet werden. Fernsehen, Video, Musikvideos/-CDs, Computerspiele/-programme, Multimedia,

Internet, Handys beherrschen die Informations- und Kommunikationskultur vor allem der jungen Generation. Zu großen Teilen repräsentieren sie für Kinder und Jugendliche die Wirklichkeit, ganz im Unterschied zu der Realität, die im Umgang des Menschen mit den Personen, Gegenständen und Situationen seiner Um- und Mitwelt konkret erfahrbar ist und deren „Verschwinden" H. v. Hentig schon vor Jahren beklagt hat. Die Wirklichkeit der Medien wird oft als „Wirklichkeit aus zweiter Hand" bezeichnet, was ausdrücken soll, dass Medien die Wirklichkeit nicht abbilden, sondern selbst neue Wirklichkeit schaffen, dass das Umgehen mit ihnen Wirklichkeit ist und dass sie Verhaltensorientierungen und Lebensstile transportieren (vgl. die Redeweise von den Medien als „geheimen Miterziehern").
Die medial rezipierte Wirklichkeit kann aber bei Kindern und Jugendlichen zu falschen Realitätsmustern und Verhaltensmodellen führen, sofern eine Kommunikation über das Wahrgenommene ausbleibt und die ggf. notwendige Korrektur der medialen Fiktion an der tatsächlichen gesellschaftlichen Realität nicht geleistet wird. Auch das Informationsaufnahmeverhalten der Kinder und Jugendlichen wird bei der Medienrezeption beeinflusst. Der schnelle Effekt- und Bildwechsel, das Zappen durch die Fernsehprogramme und die lockere Unverbindlichkeit von Meinungsäußerungen im Internet und mittels Handy bleiben nicht ohne Folgen für die Erwartung der Schülerinnen/Schüler an eine interessante Vermittlung von Informationen/Inhalten und für ihre sachbezogene Konzentrationsbereitschaft. Im Schulunterricht muss das bedacht werden. Ohne mediale Aufbereitung und die Nutzung von Computer, Multimedia und Internet als Informationsquelle und Lernwerkzeug ist Unterricht heute nicht mehr denkbar. Gleichzeitig muss durch die Veranschaulichung in der Schule der Weg zu einem nachhaltigen, kritisch-reflexiven Lernen gebahnt werden, das tatsächlich auch „Anschauungen" ermöglicht.

3.3 Möglichkeiten und Grenzen bei der Realisierung des Unterrichtsprinzips Veranschaulichung

Die Veranschaulichung steht im Dienste des schulischen Lernens als Motivationshilfe, als Erkenntnis- und Verstehenshilfe, als Hilfe beim Behalten, als Hilfe bei der Wahrnehmungsschulung und als Baustein bei der Medienerziehung. Sie unterstützt methodenvarianten und schülerorientierten Unterricht, erleichtert das Entstehen von Begriffen und das Klären von Vorstellungen bei den Schülerinnen/Schülern, macht eine sachadäquate Darbietung besonders komplizierter, abstrakter, komplexer oder nicht direkt zugänglicher Unterrichtsinhalte möglich und gibt Schülern einen Einblick in die Herstellung und die Wirkung von Medien. Jedenfalls liegen – bei sachgemäßer Handhabung des Prinzips – dort die besonderen unterrichtlichen Möglichkeiten.

Möglichkeiten

Im Unterricht hat der Lehrer/die Lehrerin vielfältige Wahlmöglichkeiten beim Einsatz von Veranschaulichungsmitteln. Zur Veranschaulichung kann der Lehrer (oder auch ein Schüler) sich mit seiner Mimik, Gestik, Sprache, Bewegung einbringen, sich also zu einem *personalen Medium* im Lernprozess machen. Er kann aber auch *nichtpersonale Medien* für das Lernen der Schüler heranziehen, so wenn er beispielsweise die Schüler mit dem „realen Objekt" im Original, als Präparat, als Modell, als Bild, als Schema oder in symbolischer Form (als Text, Farbe) konfrontiert. Dazu kann er mit den Schülern Exkursionen, Erkundungen und Experimente machen, auf biologische, chemische und physikalische Sammlungen oder tabellarische und modellhafte Darstellungen zurückgreifen, er kann Tafelanschriften konzipieren, passende Arbeitsblätter und Overheadfolien herstellen (oder publizierte heranziehen), Schulbücher, Dias, Videos, CDs, Kassetten, DVDs, Computerprogramme, Multimedia und Internet einsetzen. Er kann aber auch zusammen mit den Schülern Medien herstellen, um sie den Entwicklungsprozess und die Wirkungsweise einer Medienproduktion erfahren zu lassen.

Jedes dieser Veranschaulichungsmittel hat besondere Vorteile und spezifische Begrenzungen. Ob und wann welches von ihnen ausgewählt und im Unterricht eingesetzt werden soll, entscheidet sich zum einen an den Unterrichtsinhalten, zum anderen an den Unterrichtszielen und zum dritten an der Lernausgangslage der Schülerinnen und Schüler. In der Praxis bieten sich dem Lehrer/der Lehrerin folgende Möglichkeiten:

1. Veranschaulichung als Motivationshilfe

Um das Lern- und Leistungsbedürfnis der Schülerinnen/Schüler auf den Unterricht zu lenken und in das Stundenthema einzuführen, verwenden viele Lehrerinnen/Lehrer am Beginn eine thematische Landkarte, ein Bild, Bildkarten/Symbolkarten, einen instruierenden Kurzfilm, Comics, Karikaturen, Gegenstände usw. Möglichkeiten, die Motivation der Schüler während des Unterrichts zu erhalten, sehen die Lehrer in der Entwicklung eines strukturierten Tafelbilds, in der Verwendung von Schulbuch und Arbeitsblättern, durch Nutzung von Overheadfolien usw.

2. Veranschaulichung als Erkenntnis- und Verstehenshilfe

Um einen Lerngegenstand Schülern nahe zu bringen, kann der Lehrer die Schüler Erfahrungen mit dem „realen Objekt" machen lassen, sei es durch Exkursionen/Erkundungsgänge in die natürliche Umgebung des Lerngegenstands, sei es dadurch, dass er den Lerngegenstand in die Klasse mitbringt bzw. mitbringen lässt. Ist dies nicht möglich oder didaktisch nicht sinnvoll, kann er stattdessen zu einem Präparat greifen. Geht auch das nicht oder ist der Lerngegenstand sehr kompliziert, komplex oder gefährlich, hilft die bildhafte Darstellung, ein Modell oder ein Schema. Gerade eine schematische Darstellung oder ein Modell haben

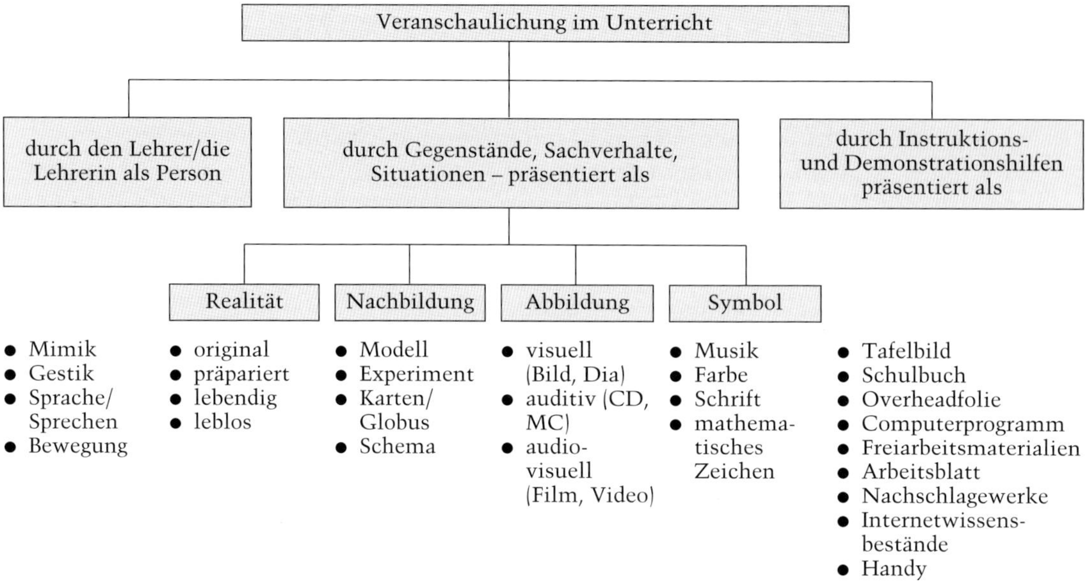

den Vorteil, den Sachverhalt didaktisch reduzieren zu können (vgl. Atom-Modell, Modell für Himmelskörper, Blütenformen usw.) und den Blick des Schülers auf wesentliche Zusammenhänge zu lenken.

3. Veranschaulichung als Behaltenshilfe

Die doppelte Kodierung eines Lerninhalts durch gezielte Ausnutzung beider Gehirnhälften sichert – wie erwähnt – den Lernstoff besser vor dem Vergessen ab. Schrift und Bild kombinieren, wie etwa bei Clustering oder Mindmapping, kleine Skizzen anfertigen, Textüberschriften strukturiert festhalten, den Lerninhalt auf Formeln/Zeichen reduzieren sind unter anderem solche Behaltenshilfen.

4. Veranschaulichung als Hilfe bei der Wahrnehmungsschulung

Da die Entwicklung der differenzierten visuellen, auditiven und taktilen Wahrnehmung von zentraler Bedeutung für das Lesen-, Schreiben- und Rechnenlernen ist, wird das Funktionstraining der Sinne immer wichtiger. Beispiele hierfür sind der Stoffkasten von M. Montessori, der Tastsack, Fühlbuchstaben, Rhythmen nachklatschen, Geräuschelotto, Figuren erkennen usw.

5. Veranschaulichung als Baustein der Medienerziehung

Die Veranschaulichung kann auch selbst Lerngegenstand sein und auf diese Weise zu kritischer Medienerziehung beitragen. Dazu bietet jeder Unterricht Anlass, in dem Medien eingesetzt werden. Schüler sollen dazu ermuntert werden, die Leistung und die Wirkung eingesetzter Medien zu ermitteln und sie zu reflektieren. Besonders geeignet für Medienerziehung erscheint die Projektmethode. Bei einem fächerübergreifenden Projekt zum Thema „Werbung für ein selbst gewähltes Produkt der Schüler", „Kinder und Jugendliche im Internet" oder „Das Handy als Kommunikationsmittel" könnten wichtige Erfahrungen bei der Nutzung von Medien aufgearbeitet werden.

Grenzen

Das Unterrichtsprinzip Veranschaulichung verfehlt seinen Zweck, zu gutem und effektivem Unterricht beizutragen, wenn

1. die gewählte Veranschaulichungsform nicht schülergemäß ist, den Schüler/die Schülerin also unterfordert oder überfordert
2. die Art der Veranschaulichung nicht dem Lerngegenstand entspricht und auch nicht auf das Lernziel hinführt, was zu verfälschter oder verzerrter Darstellung führt und das Lernen der Schüler in eine falsche Richtung lenkt
3. die Schüler in eine passive, nur rezeptive Konsumentenhaltung gedrängt werden, statt dass sie zur tätigen und sprachlichen Auseinandersetzung mit dem veranschaulichten Sachverhalt herausgefordert werden
4. den Schülern durch die Veranschaulichung fertige Lösungen statt Zugänge zu Sachverhalten und Problemen geboten werden, die sie zu genauem Beobachten, zum vertieften Nachdenken und zum Auffinden von Strukturen und Kategorien veranlassen
5. es im Unterricht ein Überangebot und eine „Übersättigung" mit Veranschaulichungsmitteln (z. B. Arbeitsblättern, Videos) gibt
6. bei der Unterrichtsplanung nicht die außerschulischen/häuslichen Mediennutzungsstile bedacht werden (z. B. wie die Schüler gewöhnlich Videos, Computer oder Handys nutzen).

4. Das Unterrichtsprinzip Motivierung

Schülerinnnen und Schüler im Unterricht zu motivieren, wird in der Fachliteratur nahezu einhellig als Grundsatz angesehen. Uneinheitlich ist lediglich die Benennung. Während die einen Autoren von Motivierung sprechen, heißt das Prinzip bei anderen Motivation. Auf den Unterschied zwischen beiden Begriffen ist einzugehen.
Motivierend wirkt auch ein Unterricht, der selbsttätig, differenziert, anschaulich, ganzheitlich und strukturiert ist. Deshalb besteht zwischen den entsprechenden Unterrichtsprinzipien ein enger Verbund. Neben den schon bei diesen Prinzipien angesprochenen Unterrichtskonzeptionen sind vor allem der Problemorientierte Unterricht und der Phänomenorientierte Unterricht Konzeptionen mit besonderer Berücksichtigung der Motivierung.

4.1 Begriffsbestimmung

Umgangssprachlich betrachtet, ist ein Motiv ein Beweggrund, der Antrieb, die Ursache oder der Zweck für eine Tat oder ein Verhalten; außerdem ist Motiv ein Thema oder Element bei der künstlerischen Gestaltung. Motivation ist dann die Umsetzung eines Motivs in eine Tat oder Handlung. Der wissenschaftliche Sprachgebrauch ist da allerdings differenzierter.

Motive (vgl. lat. „movere" = bewegen, anstoßen) sind angeborene oder erworbene dispositionelle Einstellungen, relativ überdauernde individuelle Anliegen, die als Triebfeder, Antriebskräfte oder Beweggründe das Agieren und Reagieren des Menschen steuern. Motive lassen sich nur aus erfolgten Handlungen eines Menschen als deren psychisch bedingte Ursachen erschließen; sie sind deshalb Konstrukte.

Motivation wird teils als die Gesamtheit der im Menschen wirksamen, sein Handeln und Verhalten in einer bestimmten Situation steuernden Motive verstanden, teils als Prozess, bei dem Situationsanreize beim Menschen ein bestimmtes Handlungsmotiv aktivieren und ihn so zum zielgerichteten Handeln veranlassen. Dabei wird unterschieden:

1. zwischen *primärer* und *sekundärer Motivation*, wenn physiologisch bedingte Bedürfnisse, d.h. homöostatische Antriebe (wie Hunger und Durst), und nichthomöostatische Antriebe (wie Neugier, Sexualtrieb, Betätigungsdrang und bestimmte Emotionen) von psychosozialen Bedürfnissen (wie soziale Anerkennung) und von solchen Bedürfnissen unterschieden werden, die der Mensch im Laufe der Sozialisation erlernt hat (z. B. Konsumbedürfnisse). Von *primärer Motivation* spricht man manchmal auch bei Tätigkeiten, die um ihrer selbst willen vollzogen werden (z. B. Spiele), von *sekundärer Motivation*, wenn sie nur Mittel zum Zweck sind, also um etwas anderem willen (z. B. Verbesserung der sozialen Position in einer Gruppe) vollzogen werden.
2. zwischen *intrinsischer* und *extrinsischer Motivation*, wenn jemand aus Interesse, Neugier oder Freude an eine Lernsituation herangeht und Befriedigung aus der Lösung eines Problems/einer Aufgabe zieht, oder wenn er zum Lernen „von außen" veranlasst wird, beispielsweise um Lob zu bekommen oder Tadel/Strafe zu vermeiden, um eine bessere Note zu erhalten, aus Sympathie dem Lehrer gegenüber o. Ä.

Motivierung umfasst alle Maßnahmen, die jemand ergreift, um bei einem anderen Motivation herbeizuführen, also Interesse, Aufmerksamkeit und Lernenwollen zu wecken.

Beim Unterricht in der Schule geht es nun um das Zusammenwirken einer motivierenden Lernsituation und eines motivierten Schülers. Die Motivierung erleichtert dabei das Lernen und schafft Lern- und Leistungsbedürfnisse. Die Weckung der Schülermotivation zum Lernen und Leisten soll die Aufmerksamkeit der Schüler auf den Lerninhalt und die Lernziele richten helfen, wobei meist nicht ausschließlich sachbezogen und zielimmanent motiviert werden kann, sondern auch zielunabhängige und appellierende Motivationsformen erforderlich sind. Dazu reicht eine einmalige Motivationsphase am Stundenbeginn nicht aus. Die Motivierung muss während des gesamten Lernvorgangs und bei allen Lernschritten bedacht werden. Auch geht es bei diesem Unterrichtsprinzip nicht darum, möglichst geschickt die Schülerakzeptanz für einen vorgegebenen Lernstoff herzustellen. Vielmehr meint Motivation auch, dass die Schülerinnen/Schüler im Unterricht Gelegenheit bekommen, ihre Motive bei der Auswahl und der Thematisierung der Lerninhalte/Lernziele zur Geltung zu bringen.

> Das Unterrichtsprinzip Motivierung drückt aus, dass im Unterricht die Lern- und Leistungsbedürfnisse der Schülerinnen und Schüler berücksichtigt, geweckt und erhalten werden sollen.

4.2 Wissenschaftliche Begründungen für das Unterrichtsprinzip Motivierung

Was dafür spricht, dass die Motivierung zu Recht ein Unterrichtsprinzip genannt werden kann, sind die folgenden Argumente:

Anthropologische Begründung

Die Frage, warum ein Mensch so handelt und sich so verhält, wie er es tatsächlich tut, und warum er in augenscheinlich „gleichen" Situationen nicht auch gleich agiert oder reagiert, ist eine Frage nach seiner Motivation und seinem Wollen. Die Anthropologie verweist zur Beantwortung dieser Frage auf Personfaktoren des Menschen wie Charakterzüge, Einstellungen, Überzeugungen, Interessen, Fähigkeiten und Temperamente oder auf seine Trieb-, Instinkt- und Bedürfnisausstattung. Homöostatische Antriebe wie Hunger und Durst und nicht-homöostatische Antriebe wie Neugier, Betätigungsdrang oder der Sexualtrieb veranlassten den Menschen zum Handeln, sobald sie im Ungleichgewicht seien. Gedacht wird auch daran, dass nicht alle Bedürfnisse zur gleichen Zeit gleich starke Auswirkungen haben. In Anlehnung an A. H. Maslow nimmt man an, es gebe eine Entwicklungshierarchie von Bedürfnissen. Sie beginne mit physiologischen Bedürfnissen/Überlebensbedürfnissen und gehe über zu Sicherheits- und Schutzbedürfnissen, Zugehörigkeits- und Liebesbedürfnissen, Bedürfnissen nach Geltung, Anerkennung, Selbst- und Fremdachtung bis zum Wissensbedürfnis, Verständnis-, Sinnbedürfnis, zu ästhetischen Bedürfnissen und zum Bedürfnis nach Selbstverwirklichung. Andere bezweifeln deren hierarchische Ordnung und gehen davon aus, dass auch die Tätigkeit selbst und die Möglichkeit zur Leistungserbringung oder zur persönlichen Weiterentwicklung motivierend wirken. Wieder andere ziehen noch die subjektiv-individuellen, rational-emotionalen Bewertungen einer Handlungssituation in Betracht sowie die verstärkende Wirkung erfolgreicher Handlungen oder die Modellwirkung des Verhaltens anderer,

also erlernte Antriebe (vgl. primäre-sekundäre Motivation). Als *Grundmotive* (d. h. natürliche Triebfedern) des Menschen werden üblicherweise bezeichnet: Neugierde, Erkunden (Explorationsdrang), Spielen, Nachahmen, Aktivitätsdrang und Funktionslust/Lust am Selbertun, Gewinnung von Lust und Vermeidung von Unlust, Kompetenzerwerb (Wunsch zu wissen, verstehen zu können, Probleme zu lösen). *Erworbene Motive* sind eher: der Wunsch nach Bestätigung und Anerkennung, der soziale Bezug (Helfen, Angenommen sein, Verantwortung übernehmen), Sachinteresse, Erfolgsbedürfnis, Schaffensfreude.
Motivationstheoretisch lässt sich der Erwerb eines Erfahrungsrepertoires, mit dem der Mensch beurteilt, ob eine Situation ihn zum Handeln veranlasst (= motiviert), wie folgt erklären (nach H. Heckhausen, J. Kuhl): Jeder Mensch macht vom Beginn seines Lebens an mit seinen primären Verhaltensmöglichkeiten (Freude an der Aktivität, Gewinnung von Lust, Vermeidung von Unlust, orientierendes Reflexhandeln, Neugier, Explorationsdrang usw.) in bestimmten Grundsituationen (Kontaktbedürftigkeit/Abhängigkeit, Aggression, Macht, Hilfe, Leistung) individuelle Erfahrungen. Diese sind sowohl von inneren Faktoren abhängig (z. B. von der Temperamentsanlage oder dem kognitiven Entwicklungsstand) als auch von äußeren Faktoren (z. B. vom Erziehungsklima, von Interaktionsstilen, von Vorbildern oder von der kindlichen Sachumwelt des Kinderzimmers oder Spielraums). Auf diese Weise bildet sich beim Menschen nach und nach ein *individuelles Motivsystem* aus.
Hinzu kommt noch der *Wille* des Menschen. Denn erklärt werden muss noch, warum jemand Ziele, die er nicht erreicht hat, Absichten, die er nicht verwirklicht hat, und Vorsätze, die er dauerhaft befolgt, ohne zusätzliche oder eigentliche Motivation immer weiter verfolgt. Oder warum jemand etwas tut, wozu er eigentlich keine Lust hat und wofür er im gegebenen Augenblick gar nicht motiviert wird. Solche Situationen und Fälle haben meist mit Fragen des Selbst und der eigenen Identität zu tun, es sind meist so genannte Lebensthemen des Einzelnen. Die *Willenstheorie* (vgl. P. M. Gollwitzer) spricht hier von Informationsverarbeitungsprozessen spezifischer Art. Als eine Art Handlungskontrolle stabilisieren sie den Menschen gegenüber seinen vielen Wünschen, Neigungen und Handlungsimpulsen und schirmen ihn ggf. gegenüber deren Motivationen ab. Sie hemmen oder fördern also Handlungsentscheidungen, speichern Handlungsabsichten in einem dynamischen Absichtsgedächtnis und bestimmen so seinen Handlungsplan. So gesehen ist der Wille wie eine „innere Stimme", die den Menschen auch ohne Motivation zum Handeln veranlasst oder trotz Motivation nicht handeln lässt. Daraus geht hervor, dass die Motivation möglichst unter Einbezug der Schülerbedürfnisse vorgesehen werden sollte.
Dass es überhaupt möglich ist, den Menschen zum Handeln zu motivieren, reflektiert mehr die philosophisch orientierte Anthropologie als die – bisher angesprochene – sozialwissenschaftlich orientierte Anthropologie. Die philosophische Anthropologie nennt als Wesensmerkmal des Menschen u. a. seine Entscheidungsfreiheit und seinen freien Willen im Rahmen seiner personalen und biographisch definierten Individualität. Des Weiteren argumentiert sie mit der Offenheit des Menschen, auf seine Um- und Mitwelt einzugehen und sich von

ihr herausfordern zu lassen. Bei der Wahl alternativer Handlungsmöglichkeiten strebt er grundsätzlich nach dem Guten, identifiziert es als solches aber nach seinen subjektiv erworbenen Wertvorstellungen. Von früher Kindheit an vermag er zu unterscheiden, was ihm Lust oder Unlust verursacht, was ihm nützlich ist oder schadet; auch kann er sich – spätestens seit Erwachen der formalen Intelligenz – in die Gefühle und Situationen anderer versetzen. Die Motivation, das Gute zu tun und das Böse zu lassen, wird ihm aber nur im normativen Kontext weltanschaulicher Argumentationen verpflichtend.

Psychologische Begründung

Neurophysiologisch betrachtet ist die Motivation eine Erregung in bestimmten Zentren des Hypothalamus in Verbindung mit dem Limbischen System und der Formatio Reticularis und ggf. noch weiterer Hirngebiete; Motivationszustände können durch interne und externe Reize ausgelöst werden. Das Regelsystem homöostatischer Antriebe (z. B. Hunger, Durst) wird von innen ausgelöst und verlangt nach einem inneren Gleichgewicht (z. B. der Durst wird gelöscht). Das Regelsystem nicht-homöostatischer Antriebe (z. B. Neugier, Sexualität, Betätigungsdrang) wird extern ausgelöst und drängt nicht auf Sättigung, sondern auf Fortsetzung und Steigerung bis zu einem Höhepunkt, dem eine wohltuende Entspannung folgt (vgl. Sexualmotivation oder Aktivität mit Flow-Erleben).
Die Beteiligung des Limbischen Systems bei der Motivation macht deutlich, dass die kognitive Steuerung immer auch mit der emotionalen verknüpft ist. Denn im Limbischen System an der Grenze zwischen Großhirn und Zwischenhirn entstehen auf Grund bestimmter Nervenreize Gefühle und werden Verbindungen zwischen der nervösen und der hormonellen Steuerung der Körperfunktionen hergestellt. Das Limbische System umfasst funktionell Hypothalamus, Hippocampus und Mandelkernkomplex und stellt dadurch einen Zusammenhang zwischen seelisch-affektiven Zuständen (Gefühlen) und dem Hormondrüsensystem her, durch das wiederum körperliche Reaktionen ausgelöst werden können. Die hormonellen Vorgänge wirken sich auf den Denkprozess aus, können also das Denken fördern (vgl. „er sprüht vor Ideen“) oder das Denken blockieren, Sinnesstörungen hervorrufen oder Gedächtnislücken verursachen. In jedem Falle aber filtern sich die Informationen, die an das Gehirn gelangen, emotional vor. Jedoch können diese gefühlsmäßigen Bewertungen auch kognitiv überformt werden. Die enge Verbindung von Emotion und Kognition ist für die Handlungsmotivation des Menschen allerdings von großer Bedeutung.
Ältere *lernpsychologische* Motivationstheorien sehen in der Motivation des Menschen eine intervenierende Variable zwischen „Reizinput“ und „Reaktionsoutput“, auf der einen Seite abhängig von seinen überdauernden Persönlichkeitsvariablen und auf der anderen Seite von der situationsabhängigen Anregung. Heute wird das motivierte Verhalten nicht mehr allein auf Triebe und ihnen entsprechende Außenreize zurückgeführt. Denn Forschungen haben ergeben, dass sich die biologische Motivationsregelung durch Lernprozesse überlagert, so dass es zu komplex motivierten Verhaltensweisen kommt. Heutige *Motivationstheorien*

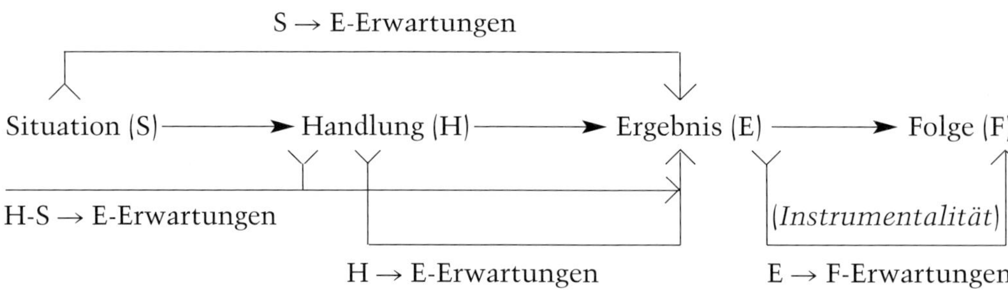

(aus: Heckhausen, H.: Motivation und Handeln. Heidelberg 2/1989, S. 15)

sind stärker kognitiv orientiert. Zwar spielt auch bei ihnen die Befriedigung von Bedürfnissen im Sinne Maslows eine große Rolle, wobei die Hauptmotivation im Bedürfnis des Menschen nach Selbstverwirklichung, verbunden mit seiner Offenheit für neue Erfahrungen, Gefühle und Ideen gesehen wird. Jedoch wird darauf verwiesen, dass die entscheidende Voraussetzung nicht ein Bedürfnisreiz sei, sondern seine Fähigkeit, eigene Ziele und Absichten zu realisieren. H. Heckhausen hat in seiner „Bewertung x Wert – Theorie" bzw. seinem „Risiko-Wahl-Modell" überzeugend dargelegt, dass die Motivation beim Menschen ein Bewertungsprozess ist, bei dem dieser den Wert des Handlungsergebnisses für sich selbst kalkuliert und zu dem dafür zu erbringenden Aufwand in Beziehung setzt.
Das Modell von Heckhausen unterscheidet vier Ereignisstadien bei der Motivation: Die Situation (mit bestimmten Anreizwerten des Ergebnisses), die Handlung, das Ergebnis der Handlung und die vielfältigen Folgen, die das Handlungsergebnis nach sich zieht. Mit jeder Phase des Motivierungsprozesses verbinden sich beim Menschen Erwartungen. Diese sind durchaus von Ereignisstadium zu Ereignisstadium verschieden. Den Situations-Ergebnis-Erwartungen (S-E-Erwartungen) liegt das Erfahrungsurteil des Menschen darüber zugrunde, ob er am Ergebnis durch eigenes Tun überhaupt etwas ändern kann. Gleiches gilt für die Handlungs-bei-Situation-Ergebnis-Erwartungen (H-S-E-Erwartungen), hier rechnet er ebenfalls damit, dass äußere und variable Umstände die Eintretenswahrscheinlichkeit des Handlungsergebnisses erhöhen oder verringern könnten. Anders die Handlungs-Ergebnis-Erwartungen (H-E-Erwartungen); sie meinen den subjektiven Wahrscheinlichkeitsgrad, mit dem der Mensch die Situation durch eigene Handlungen zu ändern hofft. Für die H-E-Erwartungen sind vor allem internale Ursachenfaktoren wie die eigenen Fähigkeiten oder Anstrengungsmöglichkeiten angesichts der angenommenen Aufgabenschwierigkeiten bedeutsam oder frühere Erfolge und Misserfolge. Ihnen liegt eine Art „Anstrengungskalkulation" zugrunde. Für die Ergebnis-Folge-Erwartungen (E-F-Erwartungen) ist von großer Bedeutung, wie der einzelne die Folgen seines Handlungsergebnisses einschätzt, ob es ihm beispielsweise voraussichtlich Bevorzugungen oder Nachteile einbringen kann. Ist das Ergebnis für die Selbstbewertung relevant (vgl. Zeugnis, Titel, Geld), dann werden Erfolg oder Misserfolg in der Regel auf die eigene Fähigkeit und Anstrengung zurückgeführt und nicht auf Glück, Pech oder die Auf-

gabenschwierigkeit. Handlungsergebnisse haben einen positiven oder negativen Anreizwert (Instrumentalitätstheorie), je nachdem wie die Selbstbewertung, die Fremdbewertung, die Nebenwirkungen oder die Annäherung des Individuums an eines seiner Oberziele es ihm nahe legen. Dabei ist die Anreizstärke von Person zu Person verschieden. Im Vergleich zu Erfolgsmotivierten fühlen sich Misserfolgsmotivierte nach einem Handlungserfolg zwar gleich motiviert, sind aber nach einem Misserfolg stärker enttäuscht; auch sind sie empfänglicher für Fremdbewertungen und extrinsische Bewertungsanreize.

Die Vorstellungen zur intrinsischen Motivation sind in jüngerer Zeit modifiziert worden, und zwar einerseits durch die *Interessenstheorie* (vgl. M. Prenzel/ A. Krapp/H. Schiefele) und andererseits durch die Theorie des *Flow-Erlebens* (vgl. M. Csikszentmihalyi). Im Unterschied zu einer intrinsischen Motivation, die durch eine Situation oder einen Sachverhalt spontan ausgelöst wird, sind *Interessen* meist überdauernd vorhanden. Sie entstehen, wenn der Mensch bei der Auseinandersetzung mit einem Gegenstand, einem Wissensbereich oder einer Tätigkeit die Erfahrung macht, dass ihm die Beschäftigung damit eine besondere Art persönlicher Befriedigung und das Erlebnis der Selbstintentionalität verschafft. Allgemein gesprochen, bewirkt Interesse an einer Sache, dass sich der Mensch dieser besonders aufmerksam zuwendet, weil er sich davon etwas für ihn persönlich Relevantes im kognitiven, emotionalen, motorischen oder auch wertbehafteten Bereich erwartet. Da Interesse, einmal aufgebaut, in der Regel über einen längeren Zeitraum andauert, kommt es beim Lernen darauf an, durch Ausnutzen des natürlichen Neugierverhaltens der Schülerinnen/Schüler deren Interesse an Lerninhalten und Unterrichtsfächern zu wecken. Denn aus empirischen Untersuchungen geht hervor, dass Interessierte die Sinnstrukturen von Lerngegenständen besser erfassen, über bessere Lernstrategien verfügen, konzentrierter arbeiten und emotional positiver gestimmt lernen.

Auch beim *Flow-Erleben* tut der Mensch etwas um der Sache selbst willen. Das Besondere an der Flow-Theorie ist aber, dass sie die Ursache für intrinsisch motivierte Tätigkeiten in einem ganzheitlichen Gefühl des völligen Aufgehens in dieser Tätigkeit sieht, wobei der Mensch dieses Gefühl als eine „Belohnung" (als ein reinforcement) empfindet. Nicht die Intensität äußerer Anregungen zum Tun und auch nicht die erwartbaren positiven Folgen dieses Tuns sind für das Motiviertsein des Menschen entscheidend, sondern die „unmittelbaren Vollzugsgenüsse" beim Ausführen der Tätigkeit, die Handlung ist „selbstkatalysierend". Der Mensch fühlt sich gut dabei, er hat ein „autoteletisches Erleben", das ihm bestätigt, die Dinge selbst zu steuern und immer „weiter" zu kommen. Er ist mit fokussierter Aufmerksamkeit dabei, er agiert zeitvergessen und genießt den Zustand des Agierens. Ein solches Flow-Erleben ist seit langem vom Spiel, vom Tanz oder vom Bergsteigen her bekannt; es gibt es aber auch bei jeder Form von Arbeit. Voraussetzung dafür ist, dass es ein Gleichgewicht zwischen den Fähigkeiten und den Handlungsmöglichkeiten gibt, dass der Mensch ein „autotelisches Selbst" entfalten kann und dass sich bei diesen Tätigkeiten seine Begabungen weiterentwickeln und immer größeren Anforderungen genügen können.

Die *Theorie der kognitiven Dissonanz* (L. Festinger, B. Bossong) hat ebenfalls

Bedeutung für die Begründung von Motivierungen. Sie besagt, dass jeder Lernende die Leistungsergebnisse erreichen möchte, die seiner Selbsteinschätzung entsprechen. Besteht zwischen beidem eine Spannung (Diskrepanz, Dissonanz), wird er versuchen, sie aufzuheben oder zu vermeiden. Voraussetzung dafür sind zwei Einschätzungen (Kognitionen): die Einschätzung der eigenen Fähigkeiten und die Einschätzung der Schwierigkeiten der Aufgabenstellung. Um der Selbstidentität willen wird der Lernende motiviert, sein Anspruchsniveau zu verändern – entweder an den negativen Lernerfahrungen nach unten zu korrigieren oder durch mehr Anstrengungen bessere Ergebnisse zu erzielen.

Pädagogische Begründung

Zwar hat schon J. A. Comenius († 1670) Wert darauf gelegt, dass den Schülern der Nutzen ihres Lernens unbedingt erfahrbar werden muss, doch hat sich in der *Pädagogikgeschichte* vor allem J. F. Herbart († 1841) mit Fragen der Motivierung befasst. Seiner Meinung nach besteht die Seele des Menschen aus Vorstellungen und inneren Zuständen, die sich auf Grund von Erfahrungen zu Gedankenmassen oder „Gedankenkreisen" verdichten. Sie äußern sich als Interesse des Menschen, das seine Wahrnehmung steuert, Assoziationen zu neuen Vorstellungen herstellt und diese dann in den bestehenden Gedankenkreis integriert. Da Unterricht die Gedankenkreise der Schülerinnen/Schüler aufbauen soll, muss darauf geachtet werden, ein möglichst vielseitiges Interesse bei ihnen zu wecken und auszubilden; denn ansonsten bilden sich die Gedankenkreise beliebig und aus zufälligen Umwelterfahrungen. Vielseitig ist das Interesse, insofern es – nach Herbart – empirisches Interesse, spekulatives Interesse, ästhetisch-moralisches Interesse, sympathetisches Interesse (Empathie), soziales Interesse und religiöses Interesse ist. Herbart war es auch, der mit seiner Formalstufentheorie den Impuls zur Festlegung des Unterrichts in Artikulationsschritten gegeben hat. Seitdem ist in der Schulpädagogik die Motivationsphase zu Beginn der Unterrichtsstunden mit Zielangabe und Hinführung zum Thema fester Bestandteil der Unterrichtsgestaltung. Auch die Reformpädagogen (1880/90–1933) sprachen sich dafür aus, das Schullernen an den Bedürfnissen der Kinder und Jugendlichen zu orientieren. Und M. Montessori († 1952) legte bei der Entwicklung ihres Arbeitsmaterials nicht nur Wert darauf, dass es auf Kinder ästhetisch ansprechend wirkt; sie erkannte auch, dass es dazu geeignet war, die Aufmerksamkeit von Kindern über einen längeren Zeitraum auf sich zu ziehen (vgl. „Polarisation der Aufmerksamkeit").

Unter *systematischem Gesichtspunkt* zeigt sich eine enge Verbindung zwischen Lernen, Leisten und Motivation. Intelligenz, Kreativität und viele andere Kompetenzen von Schülerinnen/Schülern kommen nicht zum Vorschein, liegen brach oder verkümmern, wenn die Motivation zu ihrer Realisierung und Nutzung fehlt. Erfolgreiches Lernen setzt nicht nur Lernfähigkeit, sondern auch Lernbereitschaft voraus, die wiederum braucht genügend starke Lernmotive. Wie die Zusammenhänge bei der aktualisierten Lernmotivation sind, zeigt das folgende Schema:

Ein Rahmenmodell zur Strukturierung pädagogisch bedeutsamer Sachverhalte der Lernmotivation

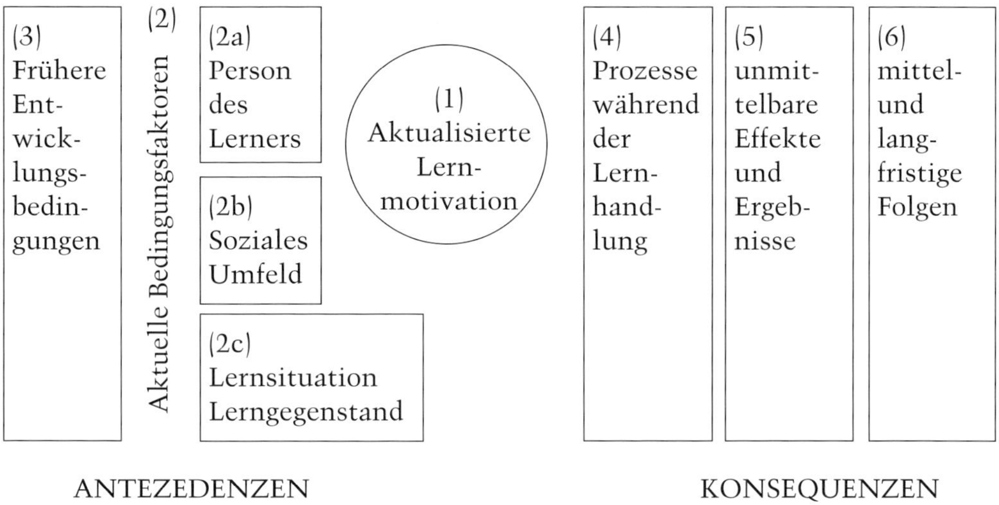

(aus: Zeitschrift für Pädagogik 1993, H. 2, S. 190)

Das Schema lässt erkennen, dass eine klare Unterscheidung intrinsischer oder extrinsischer Motivation für den Einzelnen nicht immer möglich ist. Vielmehr sind wohl innere und äußere Beweggründe wechselweise beteiligt, wenn sich der Schüler/die Schülerin durch die Konfrontation mit den Anforderungen einer Situation zum Lernen veranlasst sieht.
H. Heckhausen hat sein Risiko-Wahl-Modell der Motivation auch auf die Leistungsmotivation angewandt. Dazu ein Beispiel:
In der Schule soll eine Klassenarbeit geschrieben werden. Der Schüler weiß nicht, ob er sich darauf vorbereiten soll oder nicht. Um sich zu entscheiden, beantwortet er für sich vier Fragen:

- „Steht das *Ergebnis* für mich in dieser Situation schon fest?“ Wenn ja, dann ist er nicht motiviert, sich vorzubereiten.
- „Kann ich das angezielte Ergebnis selbst zustande bringen?“ Wenn nein, dann ist er nicht motiviert, sich vorzubereiten.
- „Sind mir die möglichen Folgen wichtig genug?“ Wenn nein, dann ist er nicht motiviert, sich vorzubereiten.
- „Hat das Ergebnis auch die gewünschten Folgen?“ Wenn nein, dann ist er nicht motiviert, sich vorzubereiten.

Ist bei der ersten Frage die Antwort „nein“ und bei den drei anderen die Antwort „ja“, dann wird er sich entscheiden, Zeit und Kraft in die Vorbereitung der Klassenarbeit zu investieren.

Lern- und Leistungsanreize gehen – allgemein gesagt – von Aufgaben, Themen und Problemen aus, die vom Schüler als interessant empfunden werden, die also seine Neugier und seinen Explorationsdrang hervorrufen. Im Schüler wird das Leistungsmotiv angeregt, wenn er von der Hoffnung auf Erfolg stärker bestimmt ist als von der Angst vor Misserfolg, und wenn es für ihn bei dieser Aufgabe positive Anreizwerte gibt, beispielsweise dass er etwas dazulernt, was er immer schon wissen wollte, dass es ihm Spaß macht, dass er mit sich selbst zufrieden sein wird oder dass er eine Belohnung (gute Noten) bekommt. Ist die Aufgabe gelöst, so überprüft der Schüler, ob er tatsächlich mit sich selbst zufrieden sein kann. Er vergleicht dabei das Ergebnis mit dem Wert, den es für ihn hat, und mit seinem eigenen Gütestandard. Er macht sich klar, ob er für das Ergebnis selbst verantwortlich ist (Kausalattribuierung) oder ob äußere Umstände mitgespielt haben (wie z. B. Pech, Glück, Müdigkeit, Störungen durch einen anderen usw.). Das Ergebnis seiner Selbstprüfung hat Folgen für zukünftige Lernsituationen.

Soziologisch-gesellschaftliche Begründung

Die Begründungen, die aus der heutigen gesellschaftlichen Situation abgeleitet sind, haben vor allem mit dem Lernen zu tun. Die demokratische Gesellschaft geht von einem Bürger aus, der mündig ist und seine Mündigkeit gegenüber allen Veränderungen in der Um- und Mitwelt möglichst nicht verliert. In der heutigen *Wissensgesellschaft* verringert sich die so genannte Halbwertzeit des Wissens immer mehr, ist die Beschaffung, Bewertung und Nutzung von Wissen eine unabdingbare Schlüsselqualifikation geworden. Deshalb muss der Mensch permanent umlernen, lebenslang lernen. Die Bereitschaft dazu ist die Bedingung dafür, die Anforderungen des gegenwärtigen und zukünftigen Lebens zu bestehen. Da Misserfolgs- und Frustrationserlebnisse oft lang andauernde Lerntraumata zur Folge haben, muss der Einzelne sach- und personengerecht zum Lernen und Weiterlernen veranlasst werden. Ein gesellschaftlich erstrebenswertes Ziel ist ferner die Weckung und Entfaltung von Interessen. Nur wenn der Einzelne die für seine Identitätsfindung förderlichen Interessen zu entwickeln befähigt ist, kann er in der *Erlebnisgesellschaft* mit ihren vielen Optionen, Konsum-, Genuss- und Rauschangeboten zurechtkommen, ohne persönlichen Schaden zu nehmen.

4.3 Möglichkeiten und Grenzen bei der Realisierung des Unterrichtsprinzips Motivierung

Die Schule hat die Aufgabe, vom Lehrplan weitgehend vorgegebene Kulturinhalte durch Kinder und Jugendliche aneignen zu lassen. Das gelingt allerdings nur, wenn diese die Lehrinhalte und Lehrziele zu Inhalten und Zielen ihres eigenen Lernens machen. Dazu müssen sie motiviert sein, sei es nun sachbezogen (intrinsisch) oder auch sachfremd (extrinsisch). Unterricht hat dazu besondere Möglichkeiten pädagogischer und didaktischer Art; er stößt dabei aber auch an Grenzen.

Möglichkeiten

Die Motivierung der Schülerinnen und Schüler beginnt damit, dass der Lehrer/die Lehrerin einen interessanten, effektvollen *Einstieg* in die Unterrichtsstunde vorsieht. Dazu stehen dem Lehrer viele Möglichkeiten zur Verfügung: Wiederholung des Stoffs der letzten Stunde, Auswertung der Hausaufgaben, kurze Übersicht über das Thema und die Ziele der Stunde, Bilder, Comics, Karikaturen, kurze Videoeinspielung oder Film zum Thema, Rätsel, Verfremdungen des Themas, Provokationen oder Widersprüche zu einem Stundenthema, im freien Unterrichtsgespräch das Vorwissen und die Interessen der Schüler ermitteln, eine Ideenbörse zum Thema von den Schülern erarbeiten lassen, Freiarbeitsmaterialien auslegen usw. usw. So wichtig diese erste Artikulationsphase, die oft als Motivationsphase bezeichnet wird, auch ist, um Aufmerksamkeit, Lernbereitschaft und Leistungswillen bei den Schülern auf das folgende Unterrichtsgeschehen zu lenken, sie reicht weder für die Einzelstunde, noch für eine dauerhafte Lernmotivierung der Schüler aus. Im *Verlauf der Unterrichtsstunde* sind nämlich neue Anreize und Motivationen vorzusehen wie z. B. Rhythmisierungen (Anspannung – Entspannung, kognitive Lernabschnitte – handlungsorientierte Lernabschnitte), Festhalten von Teilergebnissen, Rückversichern des Lernwegs bei den Schülern, Wechsel der Methoden und Medien usw.

Als Prinzip verlangt die Motivierung aber mehr als das; sie verlangt Beachtung für pädagogische und didaktische Maßnahmen, die sich insgesamt am Bild motivierter Schüler orientieren. Motivierte Schüler trauen sich etwas zu, erleben sich als etwas bewirkend, gehen bewusst und zielgerichtet an Aufgabenstellungen heran und freuen sich an Tätigkeiten und Lernforschritten. Deshalb sollten Schule und Unterricht

- die Funktionslust der Schüler dadurch fördern, dass diese selbstentdeckend, selbstständig und selbsttätig lernen können, Spiele als Lernmittel genutzt werden, dass Schüler etwas herstellen und in Schule, Unterricht und Lebensumwelt etwas bewirken können – in handlungsorientiertem Unterricht, in der Freien Arbeit, beim Wochenplan, beim Stationenlernen, in projektorientiertem Unterricht, beim Lernen durch Lehren/Expertenlernen usw. (s. auch Kap. 1)
- jeden Schüler/jede Schülerin Könnenserfahrungen machen lassen und diese auch öffentlich anerkennen – nicht allein im Unterricht, sondern auch außerhalb des Unterrichts bei Aktionen und Aktivitäten des Schullebens, so dass sie sowohl Lob und Anerkennung von anderen bekommen als auch Erfolg und Selbstbestätigung erfahren
- für eine offene, akzeptierende Lern- und Gesamtatmosphäre sorgen, denn die gibt Geborgenheit und Sicherheit; in ihr ist es erlaubt, Fehler zu machen und aus Fehlern zu lernen, sich an bisher Ungewohntes heranzuwagen, im Wetteifer mit anderen zu stehen, Verantwortung und Verantwortlichkeit zu übernehmen
- neugierig auf Menschen, Sachen und Probleme machen und nicht fertige Resultate und Lösungen transportieren – durch einen Unterricht, der problem- und phänomenorientiert ist und die Schüler den „Sachen“ direkt begegnen

lässt, der „echte“ Fragen stellt und geschickte Impulse setzt, der Schüler zu Vermutungen, Hypothesen und Experimenten herausfordert und bei ihnen Explorationsdrang und Entdeckerfreude auslöst

- die besonderen Stärken, Interessen und Neigungen der Schüler wahrnehmen und didaktisch nutzen, so dass Schüler sich mit ihren besonderen Fähigkeiten einbringen oder dem Vorbild der anderen nacheifern
- Überforderung und Unterforderung vermeiden, damit die Schüler nicht die Lust an der Schule und am Lernen verlieren – z. B. durch einen Lehrer, der sich als Lernhelfer versteht, durch einen klar strukturierten Unterrichtsverlauf, durch differenzierten Unterricht, durch Veranschaulichungen, durch lebensnahe, praktische, anwendungsbezogene Aufgaben, durch Festhalten von Teilergebnissen sowie durch zusätzliche Förderangebote
- ein positives Leistungsselbstbild bei den Schülern aufbauen helfen – durch – erstens – „optimal challenging“-Aufgaben des für den Schüler nächst höheren Erreichbarkeitsgrads und – zweitens – durch eine angst- und repressionsfreie Leistungsmessung, die den individuellen Lernfortschritt rückmeldet und die kriteriale Bezugsnorm als Zielmarke angibt, zu deren Erreichen dem Schüler gezielte Hilfen angeboten werden
- leistungsfreie Zeiten vorsehen, in denen die Schüler sich in Muße und vertieft mit einer (auch selbstgewählten) Aufgabe befassen können, sich dazu selbst Ziele setzen, einen Handlungsplan entwerfen und Freude am Tun entwickeln können
- Schüler an der Planung des Unterrichts beteiligen und ihnen Anreize geben, sich mit einer Sache ausführlicher und intensiver zu befassen
- eine Lernumwelt (Klassenzimmer, Schulgebäude, Schulgelände) bereitstellen, die das Lernen fördert und Lernideen entstehen lässt
- Anreize schaffen (durch Lob, Ermutigung, Preise, materielle Bekräftigungen) für selbstinitiierte Aktivitäten von Schülern innerhalb und außerhalb der Schule.

Grenzen

Was möglich ist, ist nicht immer realisierbar. Es gibt beim Unterrichtsprinzip Motivierung:

1. institutionelle Grenzen: Schule und Unterricht sind verpflichtende, künstlich arrangierte Lernorte mit größtenteils vorgeschriebenem Lernpensum und Lernprogramm, mit vorgegebenen Lernzeiten, mit vielen verschiedenen Fächern, mit Zufallsgruppen, mit bestimmten Erwartungen an das Verhalten der Schülerinnen/Schüler und mit selektiven Leistungsüberprüfungen. Das schränkt die Motivierungsmöglichkeiten ein.
2. organisatorische Grenzen: Die 45-Minuten-Lerneinheit, die Raumverhältnisse, das unterschiedliche Berufsverständnis und Engagement der Lehrerinnen/Lehrer (Wissensvermittler/Stundengeber versus Lernhelfer), die Abfolge der Fächer im Stundenplan und die fehlende Rhythmisierung, Verzicht auf didaktische Mitwirkung der Schüler, schülerselbsttätiges Lernen, Veranschauli-

chung und Differenzierung im Unterricht wirken sich auf die Motivierbarkeit der Schüler aus.
3. individuelle Grenzen: Bei Schülern, die sich aus generellem Desinteresse und aus Lernunlust nicht für die Herausforderung der Lerninhalte öffnen wollen, versagen die Möglichkeiten ebenso wie bei solchen, die durch den Unterrichtsstoff überfordert oder unterfordert werden. Gleiches gilt, wenn in einer Lerngruppe/Klasse keine positive Lernatmosphäre vorhanden ist.
4. prinzipielle Grenzen: Dem Schulunterricht ist es grundsätzlich um das eigentätige und selbstverantwortete Lernen von Kindern und Jugendlichen zu tun; schließlich sollen diese mündig werden. Motivierung ist dann verfehlt, wenn der Lehrer zum Animateur, Stimulator und Entertainer wird, damit sich Schüler zum Lernen bewegen lassen.
5. lerninhaltsbezogene Grenzen: Die Lerninhalte repräsentieren einen Sachanspruch und fordern sachgerechte Thematisierung im Unterricht. Aus motivationalen Zwecken darf dieser Anspruch nicht ohne Weiteres reduziert werden. Schüler müssen sich ihm vielmehr aussetzen und sich mit ihm auseinandersetzen.
6. motivationstheoretische Grenzen: Wenn Tätigkeiten, zu denen Schüler intrinsisch motiviert sind, zusätzlich extrinsisch (z. B. durch Belohnungen) motiviert werden, sinkt die Anstrengungs- und Lernbereitschaft bei ihnen. Wenn Belohnungen für die Schüler „berechenbar" werden, verlieren sie ihren motivierenden Wert.

5. Das Unterrichtsprinzip Ganzheit

Zu den jüngeren Unterrichtsgrundsätzen zählt das Prinzip der „Ganzheit" beim Unterrichten und Lernen. Statt „Ganzheit" finden sich auch die Bezeichnungen „Ganzheitlichkeit" und „Mehrperspektivität", wobei letztere Bezeichnung eher einschränkend nur den Inhaltsaspekt meint. Hinter dem Prinzip „Ganzheit" steht die Vorstellung, dass „das Ganze mehr ist als die Summe seiner Teile" (W. Wundt, † 1920) und dass zufällig und unverbunden vorhandenes Einzelnes noch kein Ganzes ausmacht. Diese Vorstellung hat seit etwa zwei Jahrzehnten neue Aktualität bekommen, da die Persönlichkeitstheorie von behavioristischen Ansätzen abwich und sich eher kognitivistischen und humanistischen Konzepten zuwandte.
Das Unterrichtsprinzip Ganzheit und die Prinzipien Veranschaulichung, Motivierung und Selbsttätigkeit stehen sich nahe. An Unterrichtskonzeptionen wie Fächerübergreifender Unterricht, Erfahrungsorientierter Unterricht und Entdeckendes Lernen merkt man den theoretischen Hintergrund in der Ganzheitsvorstellung.

5.1 Begriffsbestimmung

Was ein Ganzes ist, bildet eine in sich strukturierte und innerlich verbundene, differenzierte Einheit aus unterscheidbaren Elementen. Wahrgenommen wird diese Ganzheit als Gestalt, die sich von allem anderen unterscheidet. Das Ganze ist also mehr und anderes als die Summe oder Menge einzelner Teile. Erst wenn den Einzelteilen eine Ordnung, eine Gliederung oder ein gemeinsames Gestaltungsprinzip zugrunde liegt, kann von einer Ganzheit oder einem Ganzen gesprochen werden. Der Sinn dieser Einzelteile ergibt sich aus ihrer Verbindung, wenngleich sie für sich allein auch Bedeutung haben (vgl. einzelne Ziegelsteine – das aus ihnen erbaute Haus). Am Anfang des 20 Jh. setzte sich die Vorstellung von der Ganzheit/Ganzheitlichkeit gegen die ältere atomistische Betrachtung von Phänomenen und Vorgängen in der Biologie, der Physik, der Psychologie, der Soziologie, der Medizin und der Pädagogik durch. Es hatte sich herausgestellt, dass weder Organismen, noch das menschliche Seelenleben, weder Gesellschaften, noch die Gesundheit oder personale Beziehungen aus deren Einzelelementen allein erklärbar sind. Ganzheit lässt sich darüber hinaus auch im objektiv gewordenen Geistigen finden wie in Kunst, Technik, Institutionen des Staats und des Rechts, in Moral und Religion oder in der Sprache.

Im Kontext von Schule und Unterricht betrifft die Ganzheit/Ganzheitlichkeit drei Aspekte:

1. die Ganzheit der Person des Schülers/der Schülerin als Leib-Seele-Geist-Einheit, als Einheit von Denken, Fühlen und Handeln, – was eine Absage an Unterricht bedeutet, der sich nur an die Kognition (Wissen, Verstehen, Behalten) richtet
2. die Ganzheit des Unterrichtsinhalts, der stets Zugänge aus unterschiedlichen Perspektiven zulässt und, einmal losgelöst von seiner Genese, multivalente Wirkungen haben kann, der außerdem immer mit Menschen zu tun hatte, aus deren Lebenszusammenhängen erwachsen ist und meist über eine interessante Wirkungs- und Rezeptionsgeschichte verfügt – was heißt, dass es die „Sache an sich" nicht gibt und eine mehrperspektivische Betrachtungsweise dem Sachanspruch entspricht (s. Kap. I, 3)
3. die Ganzheit der Erlebnis- und Auffassungsweise des Schülers, die nicht nur wegen des symbolischen, intuitiven, bildhaften und konkreten Denkens im Grundschulalter anzutreffen ist, sondern das Lernen jedes Menschen jeden Alters prägt, insofern Lernen die individuellen kognitiven, emotionalen, motorischen und volitionalen Strukturen aktiviert – was bedeutet, dass Unterrichten und Lernen den Aufbau von subjektiven Bedeutungen im Blick haben müssen.

> Das Unterrichtsprinzip Ganzheit verlangt, Unterrichtsinhalte mehrperspektivisch zu behandeln und dabei den Schülern/Schülerinnen ein bedeutungsvolles Lernen mit Kopf, Herz und Hand zu ermöglichen.

5.2 Wissenschaftliche Begründungen für das Unterrichtsprinzip Ganzheit

Zugunsten des Unterrichtsprinzips Ganzheit/Ganzheitlichkeit lässt sich aus unterschiedlichen Blickrichtungen argumentieren:

Anthropologische Begründung

Die geläufige Rede von der Ganzheit des Menschen meint: Geist, Psyche (Emotionalität) und Leib bilden eine strukturierte Einheit, und diese Einheit ist für den Menschen als Person konstitutiv. An jeder Handlung sind Geist, Psyche und Leib zugleich und integrativ beteiligt. Wird eine dieser drei anthropologischen Grunddimensionen unterdrückt (z. B. die emotionale Dimension), sucht sie sich andere Ausdrucksmöglichkeiten (z. B. Gefühlsausbrüche), wird eine verabsolutiert oder überbewertet (vgl. den heutigen Körperkult), gilt das für die beiden anderen. So wie es kein geistiges Erkennen ohne Mitwirkung des Körperlich-sinnlichen gibt, so auch keine affektive Reaktion, an der nicht auch Geist und Körper beteiligt sind. Unbestritten gibt es zwischen den drei Grunddimensionen Spannungen: Leibliche Antriebe können gegen geistige Einsichten stehen und Letztere gegen große Gefühle, Gefühle können beim gleichen „Gegenstand" gegensätzlich sein und Antriebe sich widersprechen, mal kann die eine Dimension, mal die andere dominieren. Alle menschlichen Handlungen und Verhaltensweisen sind demnach mehrdimensional, sind zugleich beeinflusst von Gefühlen, Absichten, Hoffnungen, Erkenntnissen, Wertungen, Entscheidungen, Motiven und Volitionen, so wie sie im Individuum vorhanden und durch Erfahrungen geprägt sind.
Aus der Leib-Seele-(Gefühl-)Geist-Struktur des Menschen ist auf einen Unterricht zu folgern, der ihm zur Entfaltung seiner Möglichkeiten verhilft. Das bedeutet: Der Unterricht muss erstens alle personalen Dimensionen des Schülers für das Lernen nutzen und ihn zweitens alle Bereiche menschlicher Praxis, die Welt als Ganzes, in den Blick nehmen lassen.

Psychologische Begründung

Hier ist zunächst an die *neurophysiologischen und neurobiologischen Forschungen* zu erinnern, denen zufolge die Nutzung beider Hirnhälften beim Menschen die Lerneffizienz deutlich erhöht. Ergänzt wird die Hemisphärenforschung noch durch Forschungen zum vernetzten Denken (vgl. Vester), die dafür sprechen, Schülern den Lernstoff über möglichst viele Eingangskanäle anzubieten. Denn je mehr Wahrnehmungsfelder im Gehirn bei der Informationsaufnahme und -verarbeitung beteiligt sind, desto mehr Assoziationsmöglichkeiten bieten sich ihnen für ein tieferes Verständnis, desto größer ist die Aufmerksamkeit und die Lernmotivation, desto besser wird die Information behalten (s. auch Kap. 3) und desto leichter lässt sie sich wieder erinnern, wenn sie benötigt wird. Ein Lernen, das nicht auf den menschlichen Organismus Rücksicht nimmt, das neben dem kognitiven Bereich nicht auch die anderen, teils unbewussten Gehirnpartien (Muster-

erkennung, bildhaft und analog arbeitende Bereiche, emotionale und intuitive Vorgänge, haptische und motorische Bereiche, Rhythmus-, Klang- und Musikerleben) einbezieht, ist unökonomisch und widernatürlich, weil es die Einheit von Körper, Seele und Geist des Menschen verkennt.
Theoretische Untermauerung erhält die psychologische Begründung ferner durch die *Ganzheitspsychologie* und die *Gestaltpsychologie*. Die Ganzheitspsychologie (der Leipziger Schule) wurde begründet von F. Krueger († 1948). Seiner Meinung nach lässt sich Ganzheit nicht wirklich definieren, sie zeigt sich vielmehr im Erlebnis, das sich psychophysisch ausdrückt (z. B. bei der Freude über eine gute Nachricht), oder in der Strukturiertheit geistiger (idealer) Prozesse beim einzelnen Menschen und geistiger Objektivationen (z. B. Kunstwerke, Gesellschaftsformen). Eine dominierende Rolle spielt dabei das Gefühl; Gefühle prägen die Einstellung des Menschen zu seiner Um- und Mitwelt; alle Wahrnehmungen sind mit bewusstem und unbewusstem, gefühlsgetragenem Erleben verknüpft. Menschliches Sein und Erleben sind eine urtümliche, komplexe und geschlossene Ganzheit, die sich in der Entwicklung als Ganze (und nicht in Teilen) wandelt. Seelische Erscheinungen sind daher nicht die Summe oder Aneinanderreihung von psychischen Elementen, sondern ein Erlebniszusammenhang, eine Ganzheit, die eine Struktur aufweist und sich weiterentwickelt. Mit der Ganzheitspsychologie verbindet die Gestaltpsychologie (der Berliner Schule M. Wertheimer, W. Köhler, K. Lewin) den Ausgangspunkt bei der Struktur psychischer Prozesse und die Ablehnung von Reizelementen zu deren Erklärung (vgl. dagegen die Elementenpsychologie). Ein psychisches Geschehen wie beispielsweise das Wahrnehmen von Gestalten lässt sich demnach nicht aus Elementen zusammengesetzt erklären, sondern nur als eine schöpferische Synthese, die nach dem „Gesetz der guten Gestalt" abläuft. Eine Gestalt ist anderes als die Summe seiner Einzelteile (Übersummativität), vielmehr ist sie ein geordnetes Ganzes, das eine wahrnehmbare Form hat. Teile einer Gestalt können sogar verändert werden (vgl. z. B. bei einer Melodie), ohne dass deren Ganzes beeinträchtigt wird (Transponierbarkeit). Denken wird aus gestaltpsychologischer Sicht veranlasst, wenn es im Vorstellungsbereich zu einer Störung der guten Gestalt kommt und deshalb eine Umstrukturierung nötig wird; Einsicht ist daher nichts anderes als das Erfassen der wichtigen Merkmale eines Ganzen.

Pädagogische Begründung

In der *Geschichte der Pädagogik* wird man beim Prinzip Ganzheit zuerst auf J. H. Pestalozzi († 1827) verwiesen. Sein Konzept von Elementarbildung enthält als zentrale Aufgabe, alle Grundkräfte des Menschen zu entwickeln, indem Lernen mit „Kopf, Herz und Hand" erfolgen soll. Der Neuhumanist W. v. Humboldt († 1835) denkt sich Allgemeinbildung als höchst mögliche, harmonische Entfaltung aller inneren Kräfte des Menschen mit Hilfe möglichst umfassender Weltbegegnung, damit jeder seine Einzigartigkeit ausprägen kann. Entsprechend sind Individualität, Totalität und Universalität Kernbegriffe seiner Pädagogik. Für die Reformpädagogik (1880/90–1933) wurden Erlebnis und Ganzheit konzeptionell

ebenfalls bedeutsam. Im Deutschunterricht wurde der seit Anfang des 20. Jh. verfochtene „freie Aufsatz" (vgl. A. Jensen u. W. Lamszus) vor allem als „Erlebnisaufsatz" verstanden, im Zeichen- und Kunstunterricht, bei der Musikerziehung und im Gymnastikunterricht trat das Erlebnis in den Vordergrund, weil Erlebnisse stark, eindrucksvoll, persönlich und einprägsam sind. Die Ganzheitsmethode beim Lesenlernen und der ganzheitliche Unterricht der Grundschule haben hier ihre Legitimation. Dic Schüler sollen im Unterricht nicht nur verstandesmäßig beteiligt, sondern innerlich berührt werden, sollten ganzheitlich erfassen und in der Ganzheit ihrer Persönlichkeit ernst genommen werden. Besondere Ausprägung erhielten ganzheits- und gestalttheoretische Überlegungen im Gesamtunterricht von B. Otto († 1933) und J. Kretschmann († 1941). In deren Konzept bestimmen die Schüler, worüber, wie und wie lange im Unterricht gelernt wird, wobei die Fächergrenzen aufgehoben sind. Die „Gesamtheit der Welt" soll von der „Gesamtheit des Schülers" in der „Gesamtheit der Schule" auf alle möglichen Weisen „bemächtigt werden" – wobei Otto dem freien Gespräch in altersheterogenen Tischgruppen Vorrang gab. Ihre Überlegungen wurden bei der damaligen Grundschulreform stark rezipiert (vgl. Heimatkundlicher Gesamtunterricht) und wirken im ganzheitlichen Unterricht der Grundschule bis heute nach. Im Zusammenhang mit der Abkehr von behavioristischen Persönlichkeitstheorien im letzten Drittel des vergangenen Jahrhunderts erhielt die Ganzheitspsychologie in der Pädagogik neue Aufmerksamkeit; das Erziehungsziel Humanität oder humanes Leben wird seitdem auf einer ganzheitspsychologischen Grundlage entwickelt (vgl. Ernst, Kerstiens).
Die Vorstellung von der Ganzheit des Menschen (als einer Einheit in der Vielheit seiner kognitiven, affektiven und somatischen Dimensionen, die miteinander untrennbar verbunden und in sich noch vielfach substrukturiert sind) führt in der pädagogischen *Systematik* dazu, alles menschliche Tun als vieldimensionalen Akt zu betrachten, an dem immer Wissen, Können, Gefühle, Absichten, Hoffnungen, Wertungen, Stimmungen, körperliche Zustände usw. beteiligt sind. Daraus folgt die Forderung nach einer ganzheitlichen Erziehung (vgl. Kerstiens). Ganzheitliche Erziehung bedeutet

- erstens die ganze Lebenswirklichkeit zum Ausgangs- und Zielpunkt der Erziehung machen. Die gesamte Lebenspraxis mit all ihren differenzierten Bereichen (Wirtschaft, Politik, Recht, Kultur, Wissenschaften, Gesellschaft) ist Ort menschlichen Handelns und Gegenstand menschlichen Nachdenkens; alle Wirklichkeitsbereiche, das Ganze des Universums, hat mit dem Menschen zu tun und betrifft ihn als Um- und Mitwelt. Das Ganze menschenmöglicher Erfahrungen muss Lerngegenstand sein. Um damit sachgerecht und verantwortlich umgehen und zurecht kommen zu können, muss der Schüler nicht nur vielfältige Qualifikationen und Dispositionen erwerben, sondern auch die Bereitschaft und Fähigkeit, sich Neuem zu öffnen und seine Perspektiven permanent zu erweitern.

- zweitens alle Dimensionen des Menschen entfalten und dabei die Dimension des Kognitiven mit der des Somatischen und der des Emotionalen eng zu verbinden; nur so können Verkopfung, Entsinnlichung und Körperferne wie auch die Unterdrückung der Gefühlsebene beim Lernen verhindert werden. Der Kultivierung der affektiven Seite muss sogar besondere Aufmerksamkeit zukommen, da sie das Fundament für die anderen Dimensionen ist.

- drittens von der ursprünglich ganzheitlichen Erlebnis- und Auffassungsgabe des Kindes ausgehen und im Blick halten, dass das Kind über die Beschäftigung mit der „Außenwelt" seine „Innenwelt" aufbaut und ausdifferenzieren muss.

Allgemeine Bildung erhebt den Anspruch, auf das Ganze, d. h. auf die Gesamtheit menschenmöglicher Erfahrungen, Schüler in der Form von Selbst-, Sozial- und Sachkompetenzen vorzubereiten.

Soziologisch-gesellschaftliche Begründung

Lernen erfolgt in der Schule in *sozialen Situationen,* in Interaktionen zwischen Lehrern, Schülern und Unterrichtsgegenständen. Letztere gibt es nicht „an sich", sie sind immer personal und sprachlich-medial repräsentiert; Subjekt und Objekt sind gesellschaftlich vermittelt. Sie werden Zielen und Absichten unterstellt, ggf. auch ideologisch vereinnahmt. Das kann nur eine mehrperspektivische Sichtweise der Unterrichtsgegenstände korrigieren.
Die heutige *Mediengesellschaft* hat es mit sich gebracht, dass viele Schülerinnen und Schüler die Wirklichkeit nur „aus zweiter Hand", weitgehend visuell und – je nach Standort des Medienproduzenten – selektiv präsentiert bekommen. Sie erleben die Welt mediatisiert und reduziert, was große Auswirkungen auf deren kulturelle Aneignung hat. Um mündiger Bürger werden zu können, braucht der Schüler aber eine möglichst ganzheitliche Sicht von Mensch und Welt.
Von der Gesellschaft der Gegenwart heißt es, sie entwickle sich von der Informationsgesellschaft zur *Wissensgesellschaft.* Durch die Informations- und Kommunikationstechnologie verfügt der Mensch über einen grenzenlosen Zugriff auf unendlich große Datenmengen, aus denen er Informationen entnimmt. Zu Wissen werden diese Informationen, wenn sie nicht allein zum Verstehen eines Problems oder Sachverhalts ausgewertet, sondern auch problemlösend und Innovationen fördernd angewendet werden können. Wissen wird von der Wirtschaft im rohstoffarmen Deutschland als alles entscheidender „Standortfaktor" gewertet. Die Wissensgesellschaft fordert aber (fast ausschließlich) die kognitive Dimension des Menschen. Soll dieser seine Kreativität, Lebensfreude und Innovationskraft – was der Wirtschaft ebenfalls zugute kommt – nicht verlieren, bedarf es gleichermaßen der Herausforderung seiner anderen Dimensionen. Angesichts der sich beschleunigt verändernden Gesellschaft und der immer neuen Verantwortungsprobleme muss bei aller Notwendigkeit von Spezialwissen die Förderung der Gesamtpersönlichkeit des Schülers/der Schülerin im Blick bleiben.

5.3 Möglichkeiten und Grenzen bei der Realisierung des Unterrichtsprinzips Ganzheit

Der Blick richtet sich nun zum einen auf die Möglichkeiten, das Unterrichtsprinzip Ganzheit im Schulunterricht zu realisieren, und zum anderen auf die Einschränkungen, die sich dabei ergeben.

Möglichkeiten

Das Unterrichtsprinzip Ganzheit lässt sich sowohl im Unterricht als auch in außerunterrichtlichen Veranstaltungen des Schullebens verwirklichen. Unterrichtliche Möglichkeiten sind:

1. der fächerübergreifende Unterricht

Ganzheitliches Lernen verlangt eine enge Abstimmung zwischen Unterrichtsfächern, die ein und denselben Sachverhalt aus verschiedenen Perspektiven angehen, je für sich aber mehr auf den Erwerb von theoretischer Erkenntnis, von praktischer Anwendung und Ausführung, von Einstellungen oder von Emotionen ausgerichtet sind. Um die Zergliederung von Lernprozessen in isoliert und beziehungslos nebeneinanderstehende Aspekte zu verhindern und Schülern den Sinnzusammenhang des Themas für ihr Alltags- und Berufsleben besser erfahrbar werden zu lassen, eignet sich der fächerverbindende oder fächerübergreifende Unterricht. Er lässt sich auf unterschiedlich anspruchsvolle Weise organisieren:

- Der Fachlehrer verweist die Schüler bei einem Unterrichtsthema, das Verbindung zu anderen Schulfächern hat, auf dessen überfachliche Aspekte und gibt ihnen Arbeitsmaterialien und Fachliteratur, mit deren Hilfe sie sich die notwendigen Zusatzinformationen beschaffen können.
- Der Fachlehrer informiert im Gespräch oder durch eine Kurzmitteilung die Kollegen, wenn ein in seinem Unterricht behandeltes Thema der Vertiefung in einem benachbarten Schulfach bedarf.
- In der Fachkonferenz besprechen die Fachlehrer, welche Aspekte ihres Jahrgangsplans durch Verbindung mit anderen Fächern eine Vertiefung und inhaltliche Vervollständigung erfahren könnten, und organisieren das Gespräch und die mögliche Kooperation mit den Kollegen. Ziel sollte dabei sein, die Themenabfolge in den Stoffverteilungsplänen so aufeinander zu beziehen, dass gleiche Themen zeitgleich unterrichtet werden.
- Zusammenarbeit von zwei oder drei Fachlehrern in Kleinprojekten nach der Methode des Teamteaching. Dabei planen die Lehrer für einen begrenzten Zeitraum ein Unterrichtsthema – möglichst unter Mitbeteiligung der Schüler – gemeinsam durch, legen Teilthemen fest und stellen sie den Schülern zur Wahl. Für die Zeit des Kleinprojekts wird der Wochenstundenplan in den beteiligten Fächern als Gesamtunterricht betrachtet – wie beim Epochenunterricht oder bei der Fächervernetzung.
- Projekttag – Aktionstag – Studientag – SMV-Tag sind weitere Möglichkeiten,

entweder lehrplanbezogen oder nach Interesse und Neigung der Schüler fächerübergreifend zu lernen. Sie bedürfen einer genauen Planung, damit der Lernerfolg in inhaltlicher, sozialer und wertbezogener Hinsicht erreicht werden kann.

- Projekte, bei denen über mehrere Schultage oder eine Schulwoche Schüler in altershomogenen oder auch -heterogenen Gruppen zu möglichst selbstinitiierten Themen oder Problemen so handlungsorientiert wie möglich lernen, stellen zweifellos die Höchstform fächerübergreifenden Unterrichtens und Lernen dar.

2. der Konzentrationsunterricht

Innerhalb eines Schulfachs als *intradisziplinäre Konzentration* oder in der Form eines Integrationsfachs (wie Heimat- und Sachunterricht, Arbeitslehre) oder einer integrierten Fächerverbindung (wie Physik/Chemie/Biologie oder Geschichte/Sozialkunde/Erdkunde) als *interdisziplinäre Konzentration* lässt sich das Anliegen eines ganzheitlichen Verständnisses von Unterrichtsinhalten ebenfalls praktisch umsetzen. Im einen wie im anderen Falle wird der Unterricht auf ein Thema/Problem konzentriert, bei dessen Bearbeitung – erstens – die Schüler mit allen Dimensionen ihrer Persönlichkeit beteiligt sein können – zweitens – beim Lerninhalt verschiedene Fachperspektiven zusammengeführt werden und – drittens – der Lebens- und Anwendungsbezug des zu Lernenden greifbar wird. Beispiele sind der ganzheitliche Anfangsunterricht in der Grundschule, ein Thema wie „Verkehr" oder „Kinder und ihre natürliche Umwelt" (vgl. CIEL) im Heimat- und Sachunterricht oder „Wasser" in der Hauptschule, 6. Jahrgangsstufe, in der Fächergruppe Physik/Chemie/Biologie. Gleiches trifft für den so genannten „vernetzten Unterricht" in Freien Schulen (z. B. Katholischen Volksschulen des Marchtaler Plans) zu; hier wird der Lehrplan zeitweilig auf Unterrichtseinheiten mit einem Sachthema (wie beispielsweise „Rom, Römer und unsere Heimat") konzentriert, das vom Lehrer dann verknüpft z. B. mit den Fächern Deutsch, Technik, Kunst und Mathematik unterrichtet wird; dabei sollen die Fachinhalte stets in Wechselbeziehung zu anderen fachlichen Aspekten dargeboten werden und es soll immer auf deren theologische, ethische, soziale und personale Bedeutung für die Schüler eingegangen werden.
Zeitliche und inhaltliche Konzentration bestimmt auch den *Epochenunterricht*, wie er von R. Steiner in der Waldorfpädagogik favorisiert wird. Hier wird in der Regel über 4–6 Wochen (= Epoche) täglich eine Doppelstunde Unterricht über ein mehrperspektivisches Thema abgehalten (z. B. Europäische Gemeinschaft, Feuer, Nordsee, Barock usw.). Dadurch soll die Aufsplitterung eines Sachverhalts/Problems/Themas auf wechselnde Unterrichtsfächer und -stunden vermieden und die ganzheitliche Lern- und Sichtweise bei den Schülern gefördert werden. Auch die von W. Klafki geforderte Behandlung der so genannten „epochaltypischen Schlüsselprobleme" (Krieg – Frieden, Nationalität – Interkulturalität, Umwelt, Interpersonale Beziehungen usw.) eignet sich für ein solches methodisches Vorgehen.

3. im herkömmlichen Unterricht

Das Unterrichtsprinzip Ganzheit gilt aber auch als Forderung im alltäglichen Unterricht. Die ganzheitliche Erlebnis- und Lernweise des Schülers als ungeteiltes Lernen, an dem er mit seiner ganzen Person beteiligt ist, lässt sich berücksichtigen durch

- Erfahrungslernen in direkter Konfrontation mit der Lebenswelt durch Entdecken, Erkunden, Experimentieren, Beobachten, Kooperieren, Spielen, „Phantasieren", freie Gespräche, Sammeln und Ordnen von Gegenständen
- handelndes Lernen im Unterricht, bei dem die Schüler einerseits heuristische Strategien (Überlegen von Handlungsschritten und Handlungsprinzipien) entwickeln, eigenständige Fragen an Sachverhalte richten lernen, allein oder zusammen mit anderen Lösungsmöglichkeiten finden und Ziele setzen, diese ausprobieren und ggf. verbessern, und andererseits Lerninhalte in Handlungen umsetzen, praktisch werden lassen, motorisch repräsentieren und handwerklich gestalten
- Lernen mit allen Sinnen, wobei die Unterrichtsvorbereitung gezielt mehrkanalige Informationsaufnahme vorsieht, statt nur das Gehör und den Intellekt der Schüler herauszufordern.

Die Möglichkeiten ganzheitlichen Lernens sind im *Schulleben* naturgemäß besonders groß. Spiele, Feiern und Feste, von Schülern vorbereitet und durchgeführt, freie Arbeitsgemeinschaften und gesellige Schülerzusammenkünfte, Schulpartnerschaften und Schulfahrten, die Mitarbeit bei der SMV und der Schülerzeitung – all diese Aktivitäten fordern Schüler und Schülerinnen mit „Kopf, Herz und Hand". Da es hier um das *Unterrichts*prinzip Ganzheit geht, braucht auf diese Möglichkeiten nicht weiter eingegangen zu werden.

Grenzen

Das Unterrichtsprinzip Ganzheit büßt seine Geltung ein angesichts

1. der Bedeutsamkeit des Fachunterrichts

Der Fachunterricht ist in der Schule unverzichtbar. Er repräsentiert die Perspektiven, unter denen die Weltwirklichkeit betrachtet werden kann, auf dem Hintergrund wissenschaftlicher Disziplinen, wie sie sich seit Mitte des 19. Jh. herausgebildet haben. Welt und Mensch werden hier unter sprachlichen, mathematischen, naturwissenschaftlichen, räumlichen, zeitlichen, ästhetischen, körperbezogenen, weltanschaulichen, philosophischen, ökonomischen, rechtlichen und anderen Aspekten betrachtet, die zwar alle zusammengehören, für deren Verstehen es aber einen je spezifischen Zugang gibt. So hat jedes Fach eigene Fragestellungen/Probleme, eine eigene Methodik und eigene Grundbegriffe, die sich Schülerinnen/Schüler – ab einer bestimmten Altersstufe – zunächst gesondert erarbeiten müssen, um sie dann sachkundig zu *einem* Welt- und Menschenbild zusammenführen zu können. Ohne den Fachunterricht lässt sich die erforderliche Sachkompetenz nicht kontinuierlich aufbauen.

2. organisatorischer Probleme in der Schule

Ganzheitlicher Unterricht braucht kleinere Klassen, viel Zeit, mehr Räume und Stundenpläne, die Kooperation ermöglichen. Dem stehen nicht nur situative Gegebenheiten an der einzelnen Schule entgegen, sondern oft auch ein Lehrplan, der mehr am speziellen Fachwissen interessiert ist als an fächerverbindenden Aspekten, und der 45-Minuten-Takt der Fächerstunden.

3. personaler Probleme in der Schule

Schüler sind Individuen und als personale Ganzheit im Unterricht nur begrenzt zugänglich. Ob und wie sie ihre kognitiven, physischen und psychischen Dimensionen in Schule und Unterricht entfalten, hängt von ihrer Bereitschaft ab, sich zu öffnen. Ebenso wichtig ist aber die Fähigkeit des Lehrers mit den Schülern zu kooperieren und Beziehungen von seinem Fach zu den anderen Schulfächern und zu den Fachkollegen herzustellen.

6. Das Unterrichtsprinzip Zielorientierung/Zielverständigung

„Wer nicht genau weiß, wohin er will, braucht sich nicht zu wundern, wenn er ganz woanders ankommt!" Mit diesem zum Sprichwort gewordenen Satz leitete 1965 R. F. Mager die Lernzieldebatte in der Curricularen Didaktik ein. Unterricht ohne Ziele ist planlos; Ziele sind ein unverzichtbarer Entscheidungsfaktor bei der Unterrichtsgestaltung, lautet seitdem die didaktische Devise. Mit dem Vorwurf an die Curriculare Didaktik, sie sei lehrerzentriert und enge das Lernen der Schüler durch operationalisierte Ziele völlig ein, geriet die Zielfrage in der Didaktik aus dem Fokus der Betrachtung. Deshalb führen nur wenige Publikationen die Zielorientierung oder die Zielgemäßheit in der Liste der Prinzipien effektiven und guten Unterrichts. Wird das Prinzip hier Zielorientierung/Zielverständigung genannt, dann um dem Lehr-Lern-Trugschluss vorzubauen, die Lehrziele des Lehrers seien automatisch auch die Lernziele der Schülerinnen und Schüler.
Vom Unterrichtsprinzip Zielorientierung/Zielverständigung finden sich enge Verbindungen zu den Prinzipien Strukturierung und Motivierung. Lernzielorientierter Unterricht, Mastery Learning und Computerunterstützter Unterricht setzen dieses Prinzip in Unterrichtskonzeptionen um.

6.1 Begriffsbestimmung

Unterricht ist ein Interaktionsgeschehen und hat demzufolge – didaktisch gesehen – zwei Seiten: Die eine ist die Sichtweise des den Unterricht vorplanenden Lehrers, die andere die des im Unterricht lernenden Schülers. Den Lehrer bestimmt ein Vermittlungsinteresse; er plant und arbeitet darauf hin, dass die Schü-

lerinnen/Schüler sich ausgewählte Lerninhalte und Lernziele (besser: Lehrinhalte und Lehrziele) aneignen und zu Zielen und Inhalten ihres Lernens und Lernenwollens machen. Den Schüler bestimmt – im günstigen Falle – das Interesse, diese Inhalte und Ziele für sich zu konstruieren und zu rekonstruieren. Das heißt aber, sie nicht einfach zu rezipieren und „gläubig" zu akzeptieren, sondern sich darüber mit dem Lehrer und den Mitschülern zu verständigen, um sie wirklich zu verstehen und in seinc Persönlichkeitsstrukur zu integrieren.
Der Lehrer wird Überlegungen zur Auswahl, Formulierung und Anordnung geeigneter Ziele für die Unterrichtsstunde anstellen. Zielorientierung ist sein Anliegen, durch Zielanalyse und Unterrichtsartikulation sucht er die Vermittlung des Unterrichtsthemas steuerbar und kontrollierbar zu machen. Anders die Schüler. Ihnen liegt an der Zielverständigung, sie wollen sich auf der kommunikativen Beziehungsebene nicht nur rückversichern, ob sie das Unterrichtsthema als Aufgabe und Problem in kognitiver, emotional-sozialer und pragmatischer Hinsicht richtig erfasst haben, sondern sich dabei zugleich persönlich mit ihren Kenntnissen, Einstellungen, Ansichten und auf Grund ihrer sozialen Position in der Lerngruppe einbringen (vgl. Keck).

> Das Unterrichtsprinzip Zielorientierung/Zielverständigung verlangt, die Ziel-Inhalts-Dimension des Unterrichts an schrittweise zu erreichenden Zielen auszurichten, diese aber mit den Schülern kommunikativ zu verhandeln. Die Ziel-Inhalts-Dimensionen werden neuerdings als Kompetenzen umschrieben.

Zur *Zielorientierung* gehören folgende Überlegungen und Entscheidungen des Lehrers/der Lehrerin:

1. Die Zielanalyse

Darunter versteht man die Auswahl geeigneter Unterrichtsziele mit zugeordneten Teilaspekten des Unterrichtsinhalts. Dazu muss sich der Lehrer seine Bildungsabsichten für die Unterrichtsstunde bewusst machen, muss für sich klären, welche Sach-, Sozial-, Selbst- und Handlungskompetenzen die Schüler seiner Klasse/Lerngruppe erwerben sollen. Er orientiert sich dabei an den allgemeinen Schul- und Bildungszielen (Leit- oder Richtzielen), den dazu passenden Grobzielen seines Faches und den Teilzielen der Unterrichtseinheit, zu der die Einzelstunde gehört. Für die Einzelstunde entscheidet er dann Stundenziele (Feinziele),

- die er so konkret wie möglich formulieren soll, damit sie eindeutig klar sind und entweder direkt überprüft oder aus dem Schülerverhalten erschlossen werden können. Er kann sie beispielsweise teiloperationalisiert versprachlichen, indem er Verben verwendet, die einen geringen Interpretationsspielraum haben und beobachtbares Schülerverhalten beschreiben, ggf. auch Angaben zu erlaubten Hilfsmitteln und Hinweisen zum Mindestwissen/Mindestkönnen hinzufügt. Lässt sich das Erreichen nicht unmittelbar beobachten wie bei emotionalen und sozialen Intentionen, sind Überlegungen darüber anzustellen, auf welche Weise und bei welchen Gelegenheiten der Schüler signalisieren kann, dass er das Lehrziel erreicht hat.

- deren Anspruchs- und Erwartungsniveau (Kompetenzniveau) er im Blick auf die Schüler reflektieren muss ist. So muss er z. B. bei kognitiven Lernzielen überlegen, ob er abfragbares Detailwissen oder Verstehensleistungen oder die Anwendbarkeit des Gelernten oder Beurteilungen/Bewertungen von den Schülern erwartet.
- bei denen möglichst alle Dimensionen und Lernarten des Schülers zum Tragen kommen, also nicht nur die kognitive, sondern auch die emotional-soziale und pragmatisch-motorische Dimension.

2. die Artikulation der Unterrichtsstunde

Damit ist die Aufteilung der Unterrichtsstunde in Abschnitte/Phasen gemeint, die der schrittweisen Erarbeitung der Ziel-Inhalts-Dimension durch die Schüler dienen sollen.

Zur *Zielverständigung* sieht der Lehrer bei allen Phasen der Unterrichtsgestaltung Möglichkeiten und Gelegenheiten vor, dass Schüler ihr Verständnis des Themas rückmelden können und dass sie die beschäftigenden und interessierenden Themen- oder Zielaspekte einbringen können. Dabei werden Bereitschaft und Fähigkeit der Schüler zu solch kooperativer Lernplanung unterstellt. Bei der Zielverständigung geht es vorrangig um den Beziehungsaspekt des Unterrichts.

6.2 Wissenschaftliche Begründungen für das Unterrichtsprinzip Zielorientierung/Zielverständigung

Aus vier verschiedenen Wissenschaftsbereichen lassen sich Argumente zugunsten dieses Unterrichtsprinzips beibringen.

Anthropologische Begründung

Der Mensch ist ein weltoffenes, (wahl-)freies Wesen, das von der Natur nicht festgelegt ist und dessen Verhalten nicht durch Instinkte gesichert ist. Er braucht daher vom ersten Lebenstag an Zielsetzungen, zum einen, um sich in der ihn umgebenden Welt zurechtfinden zu können, und zum anderen, um seine Persönlichkeit entfalten zu können. Bei beidem geht es um die Entwicklung der ihm innewohnenden Möglichkeiten humanen Seins. Im Sinne des Humanums muss der Mensch sich seine Ziele selbst setzen, jedenfalls sind andere (Eltern, Lehrer, Erzieher) dazu nur in der Form stellvertretender Legitimation befugt, sofern und solange er dazu selbst noch nicht oder nicht ausreichend in der Lage ist.
Der Weg von der Fremdbestimmtheit zur Selbstbestimmtheit geht über die Planung und Umsetzung selbst gesetzter Ziele, sinnhaft ausgewählter Ziele, selbstkontrollierter Ziele und kritisch reflektierter Zielerreichung.

Psychologische Begründung

Aus der neueren *Entwicklungspsychologie* erfährt das anthropologische Argument Unterstützung. Ihr zufolge muss die Entwicklung des Ichs bzw. Selbst (mit all seinen einzelnen Kompetenzen) als aktive Gestaltungsleistung des menschlichen Subjekts im Kontext vernetzter sozialer Systeme gesehen werden. Jeder Mensch ist – als Kind – Mitgestalter und – später – Produzent seiner eigenen Entwicklung (= Entwicklung als Ko-Konstruktion). Der Entwicklungsweg verläuft beim Menschen von der absoluten Hilflosigkeit bis hin zur völligen oder partiellen Selbstständigkeit und Mündigkeit. Auf diesem Weg entstehen für ihn an bestimmten Lebensabschnitten bestimmte, lebensalterstypische Aufgaben, so genannte Entwicklungsaufgaben („developmental tasks" nach dem amerikanischen Psychologen und Soziologen R. J. Havighurst), die hervorgerufen werden durch biologische Veränderungen des Organismus, Ansprüche und Erwartungen der Gesellschaft und der Kultur, persönliche Ziele und Wertvorstellungen, äußere und innere Krisen. Gelingt es ihm diese Entwicklungsaufgaben anzupacken und zu bewältigen, empfindet er Zufriedenheit und Glück und vergrößert gleichzeitig sein Selbstwertgefühl. Ist das nicht der Fall, kommt es zu Versagensgefühlen, Unglücklichsein, Schwierigkeiten bei zukünftigen Aufgaben und ggf. zu gesellschaftlichen Sanktionen. Die Fähigkeit zur Lebensmeisterung hängt folglich wesentlich vom Verfolgen von Zielen ab, die die Entwicklungsaufgaben lösen können. Geschieht dies beispielsweise aufgrund verwöhnender Erziehung nicht, besteht die Gefahr, dass die Persönlichkeitsentwicklung des Kindes/Jugendlichen Schaden nimmt. Unterforderung durch Verzicht auf Aufgabenstellungen schadet hier ebenso wie Überforderung durch unerfüllbare Aufgaben. Bestätigt wird diese Vorstellung durch den Psychoanalytiker Erik H. Erikson. Er hat acht aufeinander aufbauende überindividuelle „Wendepunkte", psychosoziale Krisen, im Leben eines jeden Menschen zwischen der frühen Kindheit und dem hohen Alter herausgefunden, die diesen herausfordern. Gelingt ihm eine Lösung der Krise, vermag er bei der nächsten Krise und beim nächsten Konflikt auf stärkere Grundkräfte zurückzugreifen.
Die Kenntnis der Entwicklungsaufgaben und Entwicklungskrisen, die in bestimmten Lebensaltern entstehen, ist im übrigen auch für den Lehrer/die Lehrerin bei der Auswahl ihrer Unterrichtsziele bedeutsam.

Lernpsychologisch betrachtet, wird die Forderung nach Zielorientierung vor allem durch den Behaviorismus untermauert. Diese von J. B. Watson († 1958) begründete Richtung der Psychologie, für die allein das beobachtbare und messbare Verhalten zählt, sieht im Lernen eine Verknüpfung von einem von außen gesetzten Reiz und einer äußerlich wahrnehmbaren Reaktion des Lernenden, dessen innere Vorgänge dabei als black box betrachtet werden. Durch B. F. Skinner († 1990) erfuhr der Behaviorismus eine Akzentuierung in Richtung auf die Verhaltensanalyse und Verhaltensmodifikation. Seiner Theorie der operanten Konditionierung nach wird Verhalten durch Verstärkung („reinforcement") beeinflussbar, kann Verhalten durch kleine Schritte, deren Erfolg bestätigt wird, sukzessive aufgebaut werden („shaping of behaviour"). Im Konzept des programmierten Unterrichts hat er dies eindrucksvoll bestätigt. Wird der Lernweg in kleine Phasen eingeteilt, deren Lernaufgaben von 80–90 % der Probanden erreicht und auf diese Weise verstärkt werden können, ist der Lernerfolg gezielt planbar. Dazu kommt, dass die *Motivation* zur Zielerreichung steigt, wenn man erfolgreiche Schritte in deren Richtung macht, wie überhaupt Motivation sich immer auf Ziele richtet. Und R. Gagné hat darauf hingewiesen, dass Lernen auf einer funktionalen Hierarchie gründet, die vom Signallernen, über Reiz-Reaktionslernen, Lernen von Kettenbildungen, Lernen von multiplen Diskriminationen zum Lernen von Begriffen, Lernen von Regeln schließlich zum Lernen als Problemlösen führt. Die Kenntnis der Lernsets und das Wissen um diese Lernniveaus verweisen den Lehrer auf eine zielorientierte Unterrichtsplanung.

Pädagogische Begründung

Die *Pädagogikgeschichte* zeigt zunächst das Interesse der Didaktiker an der Gliederung des Unterrichts (Artikulation, lat. „articulatio" – Gegliedertheit). Das stufenweise Fortschreiten zu einem Lernergebnis begründete J. A. Comenius († 1670) damit, dass die Natur, das große Vorbild für alles Lernen, auch keine Sprünge mache. Er empfiehlt: Anschauen – Kenntnisnahme – Verknüpfung. Das wohl bekannteste Artikulationsschema sind J. F. Herbarts († 1841) so genannte „Formalstufen". Sie gliedern sich in eine Phase der Vertiefung mit 1. Klarheit (Klärung des zu behandelnden Themas) und 2. Assoziation (Verbindung des neuen Themas zu vorhandenen Erkenntnissen der Schüler) und in eine Phase der Besinnung mit 1. System (systematische Einordnung des Neuen zu einer Erkenntnis) und 2. Methode (Anwendung und Verifikation des neu Gelernten). Bereits die Anhänger Herbarts nahmen in die erste Phase die Zielklärung mit auf. Bekannt geworden ist auch das eher mathematisch-naturwissenschaftlich orientierte Artikulationsschema des Arbeitsschulpädagogen G. Kerschensteiner († 1932). Kerschensteiner unterteilt den Unterricht in die Abschnitte: Schwierigkeitsanalyse und Schwierigkeitsumgrenzung – Lösungsvermutung – Prüfung der Lösbarkeit – Bestätigungsversuch. Dem ähnelt das lange Zeit favorisierte Gliederungsschema von H. Roth († 1983), der den Unterrichtsverlauf in folgende Phasen einteilte: 1. Motivation, 2. Schwierigkeit (die der Lerngegenstand dem Schüler macht), 3. Lösung, 4. Tun und Ausführung, 5. Behalten und Einüben sowie 6. Bereitstellen, Übertragung und Integration (des Dazugelernten in die Persönlichkeitsstruktur). Heute gilt als Handlungsregel der Dreischritt: Einstieg – Erarbeitung – Ergebnissicherung, der fachdidaktisch und gegenstandsentsprechend variiert wird.
Der Zielfrage wandte sich dann während der großen Reformphase 1965–1975 die Curriculare Didaktik oder Curriculare Bewegung zu (vgl. S. B. Robinsohn † 1972). Gedacht als permanente Revision der Curricula (= reformierte Lehrpläne mit festgelegten, detailliert aufeinander abgestimmten Lehrzielen, Lehrinhalten, Lehrmethoden, Lehrmedien und Lernkontrollen) ging sie daran, die Lebenssituationen zukünftiger Kinder/Jugendlicher zu ermitteln, um daraus Qualifikationen zu bestimmen, die diese zu deren Bewältigung brauchen werden. Im Anschluss

daran wurden dementsprechend passende Curriculumelemente (d. h. Qualifikationsziele mit zugewiesenen Lerninhalten, Methoden und Medien) ausgewählt. Alle didaktischen Überlegungen hatten sich an den Zielen auszurichten und der Zielfrage unterzuordnen (Primat der Ziele). Unterricht musste detailliert zielorientiert angelegt werden, damit die Qualifikationen auch von allen Schülern erreicht werden könnten. Die Curriculare Didaktik verfeinerte die Zieldimension, indem sie alle kognitiven, emotionalen und pragmatischen Ziele operationalisieren ließ, ihre Hierarchisierung und Taxonomisierung forderte und auf die Zielbeschreibung (als präzise Beschreibung eines von den Schülern unter genau angegebenen Bedingungen und unter Vorgabe eines Beurteilungsmaßstabs zu zeigenden Verhaltens) größten Wert legte.

Dass Schule und Unterricht an Zielen zu orientieren sind, lehrt die schulpädagogische *Systematik* von jeher. „Non scholae sed vitae discimus" enthält die Tauglichkeit des Schulwissens und -könnens für das Berufs- und Alltagsleben als Zielmarke. Die Funktionen, die die Gesellschaft der Schule zugesprochen hat, wie etwa Sozialisation, Qualifikation, Personalisation, Enkulturation und Selektion lassen sich ohne Zielplanung überhaupt nicht erreichen. Die heute üblich gewordene Evaluation von Unterricht und Schule ist ohne klare Zielstellungen unmöglich durchzuführen. Zielorientierung des Schulunterrichts ist eine didaktische und organisatorische Notwendigkeit. Aus der Fülle alles Lernbaren muss das erforderliche Schulwissen identifiziert und auf die zur Verfügung stehende Lernzeit der Schülerinnen/Schüler aufgeteilt werden. Die Orientierung an den Zielen der Schule, des jeweiligen Unterrichtsfachs, einer Unterrichtseinheit und schließlich einer Unterrichtsstunde ist eine wesentliche Entscheidungshilfe für den Lehrer. Sie entlastet ihn didaktisch bei der Planung und auch bei der Gestaltung des Unterrichts, macht seine Arbeit transparent und überprüfbar und sichert beim Schüler einen kontinuierlich aufbauenden und systematischen Zuwachs an Wissen, Können und Einstellungen.

Bedenkt man erstens, dass Lernen – dem neueren Lernbegriff entsprechend – ein aktiv-konstruierender, selbstgesteuerter, situierter und kooperativer Prozess des individuellen Schülers ist, zweitens, dass alles Lernen in der Mündigkeit des Menschen seinen Zielpunkt hat, und drittens, dass Unterricht ein Interaktionsgeschehen und keine „Ein-Weg-Information" ist, dann ergibt sich die Forderung nach Zielverständigung als notwendige Konsequenz. Theoretisch untermauert wird diese Forderung durch die Kommunikationstheorie. Nach P. Watzlawick muss jede Interaktion als Kommunikationsprozess verstanden werden, und ist Unterricht als eine pädagogische Kommunikation zu betrachten, die das Ziel hat, die Informationsdifferenz zwischen den Kommunikationspartnern abzubauen. Dabei ist besonders zu beachten, dass jede Kommunikation eine Inhalts- und eine Beziehungsstruktur hat und dass Letztere die bedeutendere ist. Die Zielerreichung hängt demnach entscheidend von der Zielverständigung zwischen Lehrern und Schülern ab, diese wiederum gelingt nur in einer Atmosphäre und Lernkultur, die sich durch Offenheit, Ermutigung und Echtheit auszeichnet.

Soziologisch-gesellschaftliche Begründung

Als gesellschaftliche Institution hat die Schule systemerhaltende und systemgestaltende Aufgaben wahrzunehmen. Deshalb werden bei den Funktionen der Schule besonders die der Legitimation/Reproduktion der Gesellschaft, die der Integration von Kindern und Jugendlichen in die Gesellschaft und die der Weiterentwicklung der Gesellschaft betont. Diese Aufgaben müssen im Schulunterricht in konkrete Handlungsziele umgesetzt werden. Ihre Akzeptanz bei den Schülern/Schülerinnen hängt indes entscheidend von deren innerer Zustimmung ab. Der mündige Bürger ist gerade nicht bloßer Vollzieher vorgegebener Gesellschaftsziele, sondern deren aktiver Mitgestalter. Deshalb bedarf es zur Vermeidung von Ideologien eines breiteren Spektrums an Zielorientierungen, damit Mitsprache und Mitbestimmung erhalten und Ideologien möglichst verhindert werden.

Da die Schule mit ihren ca. 720 000 Lehrern/Lehrerinnen, 12 Millionen Schülern/Schülerinnen, 40 000 Einzelschulen und 40 Milliarden Euro Bildungsgesamtausgaben das größte „staatliche Unternehmen" in Deutschland ist, steht sie ferner gesellschaftlich unter Legitimationsdruck. Es wird von ihr der Nachweis erwartet, welche Lernziele sie in welchen Zeiträumen erreichen kann bzw. soll. Denn die Gesellschaft ist auf konkrete Unterrichtsergebnisse angewiesen, da sie nicht nur zu ihrem Fortbestand ein bestimmtes Bildungsniveau der Bevölkerung benötigt, sondern auch weil Industrie, Handwerk, Handel, Verwaltung und Wissenschaft, die sogenannten „Abnehmer", von den Schulabgängern bestimmte Qualifikationen (z. B. Sicherheit im schriftsprachlichen und mündlichen Ausdruck, Beherrschung mathematischer Operationen, Kenntnis im Umgang mit dem Computer usw.) erwarten müssen.

6.3 Möglichkeiten und Grenzen bei der Realisierung des Unterrichtsprinzips Zielorientierung/Zielverständigung

Die Frage, wie lassen sich Zielorientierung und Zielverständigung im Unterricht beachten, führt zu Möglichkeiten und Grenzen.

Möglichkeiten

Die Stärke eines Unterrichts, der sich an das Prinzip Zielorientierung/Zielverständigung hält, liegt in seiner Zweckrationalität und Kontrollierbarkeit. Beide können die Effizienz der schulischen Lernprozesse steigern. Je konkretere Gedanken sich der Lehrer über die Unterrichtsziele zu einem Thema und angesichts einer bestimmten Lerngruppe macht, je genauer er die einzelnen Inhaltsaspekte, die Unterrichtsmethoden und die Unterrichtsmedien darauf abstimmt, desto erfolgreicher wird der Unterricht. Denn ein so geplanter Unterricht ist für den Schüler besser durchschaubar und nachvollziehbar. Weiß er beim Einstieg in die Stunde, worum es zu welchem Zweck und auf welche Weise gehen wird, wird

ihm der Zusammenhang klarer, versteht er, worauf es ankommt und was von ihm verlangt ist. Für den Lehrer ist diese Vorgehensweise nicht nur professionell, sie erlaubt ihm auch, sich und seinen Unterricht kritisch zu beobachten und zu beurteilen, was sich bewährt hat und was in Zukunft der Änderung bedarf.
Besteht zwischen Lehrer und Schülern Klarheit über das Ziel des Lernens in der Unterrichtsstunde, kann der Weg dorthin gemeinsam methodisch geschickt geplant und der Unterrichtserfolg am Schluss auch von den Schülern selbst erfasst werden. Schülerorientierung ist infolgedessen nicht nur nicht ausgeschlossen, sondern wesentlicher Bestandteil des Prinzips, ebenso wie differenziertes Vorgehen, selbsttätiges Erarbeiten und didaktische Mitwirkung und Mitbestimmung durch die Schüler. Der Vermittlungsaspekt und der Beziehungsaspekt des Unterrichts werden auf diese Weise miteinander verknüpft.

Praxismöglichkeiten ergeben sich vor allem in drei Hinsichten:

1. *die teiloffene Unterrichtsplanung*

Jede Unterrichtsplanung, die der Lehrer vorbereitend anfertigt, ist nichts anderes als sein gedanklicher Vorentwurf der Unterrichtspraxis. Dieser Vorentwurf mag vom Fachinhalt betrachtet kompetent erstellt sein, er enthält aber, was das Lernverhalten und die Lernausgangslage der Schüler anbetrifft, große Unsicherheiten, viele Unwägbarkeiten und zahlreiche Mutmaßungen. Aus diesem Grunde reicht eine lernzielorientierte Planung mit einer klaren Unterrichtsstufung (Artikulation), die den einzelnen Unterrichtsphasen bestimmte Ziel-Inhalts-Aspekte zuteilt und diese mit Hilfe ausgewählter Methoden und Medien zu erreichen sucht (vgl. die gängigen Schemata für Unterrichtsskizzen), nicht aus. Vielmehr ist es nötig, im Unterrichtsverlauf Stellen und Situationen zu identifizieren, an denen es sinnvoll und nötig erscheint, die Schüler kommunikativ einzubeziehen, wenn die Unterrichtsziele tatsächlich erreicht werden sollen (vgl. Keck: „Schaltstellen", „Gelenkstücke" im Unterrichtsablauf). Vorwissen, Voreinstellungen, Bedeutung und Verwertbarkeit des zu Lernenden, emotionale Barrieren oder Stimulationen, soziale Aspekte des Miteinanderlernens, Interessen, Vorlieben und Vorurteile gegenüber dem Unterrichtsthema – all dies soll an diesen Schaltstellen – wenn nötig – zur Sprache gebracht werden können.

Eine teiloffene Unterrichtsgliederung könnte folgendermaßen aussehen:

- Einstieg/Motivation/Eröffnung als Hinführung zum Stundenthema und Unterrichtsziel
- Zielverständigung durch gemeinsame Aussprache zwecks Orientierung, Motivierung und Ermittlung der Lernsituation und Lernabsichten der Schüler, Festlegung des gemeinsamen Ziel-Thema-Zusammenhangs und Einigung über eine differenzierte Vorgehensweise mit wählbaren Alternativen
- Erarbeitung als möglichst selbstständige Beschäftigung der Schüler mit dem Ziel-Themen-Komplex, dabei erneute Rückversicherung der eigenen Lernintentionen und deren Konfrontation mit dem Sachanspruch (vermittelt durch Fachbücher oder den Lehrer als Experten)

- Ergebnissicherung als Lernselbstkontrolle und als gegenseitiges Bekanntmachen mit den Lernergebnissen sowie als Vertiefung, Übung, Anwendung und Transfer (s. auch Kap. 8)
- Reflexion des eigenen Lernwegs mündlich oder schriftlich (z. B. durch Führen eines Lerntagebuchs).

2. die Rhythmisierung der Unterrichtsgestaltung

Der Grundsatz Zielorientierung/Zielverständigung beinhaltet auch die Berücksichtigung sozialer und affektiver Prozesse beim Lernen. Er lehnt deshalb die lineare Anordnung verbindlicher gemeinsamer Lernschritte für alle Schüler/Schülerinnen, also das „Lernen im Gleichschritt", ab. Deshalb sollen im Unterricht kognitive Ziele mit affektiven abwechseln, Lernen durch Anschauung, durch Handeln, durch Bewegung und als Aufbau von Denkoperationen alternieren. Phasen der Anspannung sollen mit Phasen der Entspannung abwechseln, die Erreichung desselben Unterrichtsziels auf verschiedenen Lernwegen ermöglicht werden (vgl. die Unterrichtsprinzipien Selbsttätigkeit, Differenzierung, Veranschaulichung). Dabei sollen die Schüler den für sie geeignetesten Lernweg zum Lernziel auf Grund von didaktischen Wahlmöglichkeiten möglichst selbst herausfinden können. Der Lehrer fungiert dabei als Experte, Berater und Moderator.

3. die Verwendung von Classroom-Assessment-Techniken

Seit den 80er Jahren des vorigen Jahrhunderts gibt es in der Didaktik – von Amerika herkommend – eine Gegenbewegung gegen die kleinschrittige Messung von Lernleistungen (vgl. Prell). An deren Stelle soll eine dynamische Lernfortschrittsmessung („dynamic assessment") während des Unterrichts durch den Lehrer treten, zum Zwecke eines unterstützenden (tutoriellen) Lernens. Möglichst schon bei der Aufgabenbearbeitung durch den Schüler soll der Lehrer die Ursachen für dessen Lernproblem, Lernhemmung, Lerndefizit oder Lernversagen diagnostizieren und sofort darauf reagieren. Praxisbeispiele sind:

- der tutorielle Dialog mit einem lernschwierigen Schüler während der Einzelarbeitsphase an Hand eines vorgegebenen Leitfadens mit wörtlichen Formulierungen, die aufeinander aufbauend verwendet werden sollen: einfaches „negatives" Feedback und Impuls zu einem neuen Lösungsversuch – Hilfen in Frageform – Erinnerungshilfen – Transferhinweise – Vorschläge für Lösungsstrategien – Demonstration der Lösung – Information über Lösungsstrategien – Hinweise auf bessere Strategien.
- das wechselseitige Unterrichten, bei dem sich der Lehrer mit einer Gruppe von Schülern bei der Erarbeitung eines Unterrichtsinhalts abwechselt. So führt der Lehrer die Schüler beispielsweise in die Textanalyse zunächst selbst ein, indem er ihnen die Lernstrategie vormacht, nämlich (1) an den Text Fragen zu stellen, (2) ihn zusammenzufassen, (3) Voraussagen über den Textinhalt zu machen und (4) den Text zu erklären; sodann übernehmen Schüler diesen Part, anschließend wieder der Lehrer usw.
- das Angeben des „verwirrendsten Punktes": Wird den Schülern eine größere

Menge an Informationen dargeboten (z. B. in einem Lehrervortrag, einer längeren Erklärung, einem Video usw.), sollen sie anschließend auf einer Karteikarte aufschreiben, was für sie dabei am schwierigsten zu verstehen war; darüber wird dann miteinander gesprochen.

- Dokumentation der Problemlösung: Haben Schüler mehrere schwierige Aufgaben zu lösen, sollen sie sich eine aussuchen, zu der sie detailliert den Lösungsweg aufschreiben und diesen dann den Klassenkameraden erläutern.
- Schreiben einer Anwendungskarte: Schüler werden gebeten, auf Karteikarten innerhalb von 2–5 Minuten wenigstens eine Anwendungsmöglichkeit für das vorher im Unterricht Gelernte aufzuschreiben.
- „Journal in zwei Teilen": Dazu nimmt jeder Schüler ein in der Mitte gefaltetes DIN-A4-Blatt und schreibt auf die linke Hälfte Textpassagen einer Schullektüre beispielsweise oder eines Textes aus Deutsch, Geschichte oder Sozialkunde heraus, die für ihn persönlich bedeutungsvoll sind. Auf der rechten Hälfte des Blattes notiert er dann, worin für ihn diese Bedeutsamkeit liegt. Auch der Lehrer soll das für sich tun und anschließend mit den Schülern zusammen besprechen.

Grenzen

Eine genaue Betrachtung des Unterrichtsprinzips Zielorientierung/Zielverständigung führt zu gewichtigen Kritikpunkten. Dabei ist allerdings zu beachten, dass die Einwände gegen die bloße Lernzielorientierung (z. B. Schüler werden als Objekte betrachtet, Lehrerzentrierung, Verhaltensmanipulation, Überbewertung kognitiver Lernkontrollen, Unmöglichkeit der Lernzieldeduktion usw.) viel zahlreicher und stärker wären; durch die gleichzeitige Forderung nach der Zielverständigung werden diese aber relativiert und zum großen Teil aufgehoben.

1. Schule und Unterricht werden nicht nur durch Lehr- und Lernziele, wie sie in den Lehrplänen stehen, bestimmt, sondern auch durch den so genannten „heimlichen Lehrplan". Damit sind die vielen nicht „offiziellen" Ziele gemeint, die als (teilweise unbeabsichtigte) Nebenwirkungen und funktionale (indirekte) Einflussnahmen die Erfahrungen, Einstellungen und Wertüberzeugungen der Schüler/Schülerinnen nachhaltig prägen. Beispiele dafür sind Regeln, Rituale, Strukturen (Jahrgangsklasse, Versetzungsordnung, Benotungspraxis, Selektionssysteme usw.) und Interaktionen (zwischen Lehrern und Schülern sowie Schülern und Schülern).
2. Die Orientierung des Unterrichts an detailliert beschriebenen Lernzielen gelingt vorrangig im kognitiven und instrumentellen Bereich und bei Lernaufgaben aus mathematisch-naturwissenschaftlichen Fächern, deren Ergebnisse messbar und sichtbar sind. Anders bei affektiven und sozialen Lernzielen sowie im Bereich geisteswissenschaftlicher und sozialwissenschaftlicher Lerninhalte, bei denen operationale Eindeutigkeit durch die Vielschichtigkeit des Inhalts und die Ganzheitlichkeit des Betroffenseins durch die Schüler oft nicht möglich ist.

3. Durch den Primat der Ziele wird die Inhaltlichkeit des Lernstoffs reduziert und funktionalisiert. Der Inhalt (z. B. ein Gedicht) hat keinen eigenen Wert mehr, sondern wird Anlass und Gegenstand, an dem der Schüler ein bestimmtes Verhaltensziel erwirbt. Allerdings gehen dessen ungeachtet vom Inhalt immer auch ungeplante und unplanbare Wirkungen auf Schüler aus!
4. Zielorientierung/Zielverständigung verleitet dazu anzunehmen, das Lernen der Schüler lasse sich technologisch organisieren, wenn man es nur in kleine analytische Schritte einteilt. Dem widerspricht der neue Lernbegriff sowie die ganzheitliche Erlebnis- und Lernweise der Schüler.
5. Es besteht die Gefahr, dass die Schüler nur zur nachträglichen Legitimation von Lehrzielen einbezogen werden, die in Wirklichkeit längst feststehen und verpflichtend sind; stattdessen müssten Schüler über die Ziele ihres Lernens nicht nur mit-, sondern selbst entscheiden dürfen. Bei erzieherischen Zielen (z. B. Toleranz, Friedfertigkeit, Gewaltlosigkeit) stellt sich aber auch die Frage, ob die Zielverständigung mit den Schülern immer gelingen kann.
6. Einschränkungen erfährt das Prinzip möglicherweise auch durch mangelndes Interesse der Schüler an der Verständigung über die Unterrichtsziele, durch die Fülle des verpflichtenden Lernstoffs und durch die fehlende Bereitschaft dazu auf Seiten der Lehrer.

7. Das Unterrichtsprinzip Strukturierung

Von den einen wird das Unterrichtsprinzip Strukturierung als oberstes Prinzip guten Unterrichts betrachtet, andere führen es nicht einmal in ihrer Übersicht, wieder andere nennen es „Gestaltung“. Von den Unterrichtskonzeptionen ist es vor allem der „wissenschaftsorientierte Unterricht“, der auf dieses Prinzip rekurriert. Von den bereits dargestellten Unterrichtsprinzipien haben Zielorientierung/Zielverständigung, Ganzheit und Motivierung eine besondere Nähe zur Strukturierung. Bei der Unterrichtsgestaltung unterstützt die Strukturierung Versuche zur Elementarisierung und Rhythmisierung.

7.1 Begriffsbestimmung

Unter einer Struktur versteht man den geordneten Aufbau und sinnvollen Zusammenhang von (aufeinander bezogenen) Einzelelementen eines Ganzen oder eines Systems. Strukturen liegen in der Wirklichkeit nicht vor, sondern müssen herausgearbeitet werden. Die Lebenswirklichkeit des Menschen ist nämlich komplex, erscheint oft zufällig, systemlos und chaotisch. Um sich in ihr zurecht zu finden, muss sich der Mensch seine Mit- und Umwelt strukturieren, d. h. er muss sie auf zentrale Wirkfaktoren reduzieren, Zusammenhänge zwischen solchen Faktoren identifizieren, diese zu kleineren, überschaubaren Systemen zusammenführen sowie Kategorien (Begriffs- und Anschauungsformen) und Methoden bestimmen, mit deren Hilfe er sich diese erklären und sie anderen mitteilen kann. Die so ermittelten Systeme sind nicht allgemeiner oder umfassender Art, sondern betreffen immer nur einen Ausschnitt aus der Gesamtwirklichkeit. Geradezu klassische Beispiele für solcherart Strukturierungen sind die Wissenschaftsdisziplinen oder die Unterrichtsfächer. Sie betrachten und systematisieren die Welt unter einer jeweils spezifischen Perspektive, werfen einen methodisch reflektierten Blick auf sie, greifen einen besonderen Aspekt heraus, unter dem man sie sehen kann, sind ein „Fenster zur Welt" neben anderen möglichen. Strukturieren bedeutet also, einen Wirklichkeitsbereich oder Gegenstandsbereich so aufzugliedern, dass er für einen anderen zugänglich und verstehbar wird.

In didaktischer Hinsicht meint Strukturierung deshalb Dreierlei:

1. komplexe und komplizierte Lerninhalte zu durchgliedern
2. Unterrichtsmethoden zu verwenden, die ein systematisches Erarbeiten von Gegenstandsstrukturen erleichtern
3. bei der Auswahl der Lerninhalte und Unterrichtsmethoden der Denk-, Gefühls-, Könnens- und Wollensstruktur des Schülers/der Schülerin zu entsprechen.

Das Unterrichtsprinzip Strukturierung fordert, dass sich der Erwerb von Wissen, Einstellungen und Verhaltensweisen beim Schüler in der Form eines geordneten Aufbaus vollziehen soll. Dazu müssen die Struktur des Lerninhalts, die Struktur des Lernenden und die Struktur der Methode zusammenpassen.

7.2 Wissenschaftliche Begründungen für das Unterrichtsprinzip Strukturierung

Auch dieses Unterrichtsprinzip lässt sich auf unterschiedliche Weise legitimieren:

Anthropologische Begründung

Aus anthropologischen Forschungen ergeben sich zwei Argumentationslinien, eine neurophysiologische und eine strukturgenetische.
Neuere *neurophysiologische* Untersuchungen haben erbracht, dass das menschliche Gehirn seine Umgebung beständig nach Mustern oder Strukturen absucht, um daraus Sinn konstruieren zu können. Dazu verfügt es über die Fähigkeit, aus einer riesigen Menge gemachter Erfahrungen sechs Strukturmuster zu identifizieren, die ihm dann immer wieder zum Wahrnehmen und Verstehen seiner Umgebung zur Verfügung stehen. Es sind dies: Gegenstände, Handlungen, Vorgänge, Situationen, Beziehungen und Systeme (vgl. L. A. Hart; M. Arnold). Das Gehirn geht dabei nicht logisch oder geordnet vor, sondern verarbeitet die aufgenommenen Informationen, d. h. die von ihm als sinnvoll bewerteten Reize, zunächst

parallel und fasst sie nach den obigen Mustern zusammen. Es strukturiert also die natürliche Komplexität seiner Umgebung. Aus dieser Strukturierung baut der Mensch dann im Gehirn mentale Pläne auf, mit deren Hilfe er Lern- und Handlungsziele zu erreichen sucht. Dabei beginnt er immer mit der Bewertung der Situation/des Bedürfnisses durch Mustererkennung, wählt dann aus seinem Repertoire gespeicherter mentaler Pläne Passendes aus und wendet es an. Die Musterbildung folgt zwar einer formalen und daher gleichen Grundstruktur, erfährt aber auf Grund der individuellen Lebensereignisse eines jeden/einer jeden eine je spezifische Ausprägung in den mentalen Plänen!
Die Theorie der *Strukturgenese* gibt eine Antwort auf die Frage, wieso dispositionale Eigenschaften wie Denken, Fühlen, Wollen und Können beim Menschen – wenn auch nicht vollständig, so doch in signifikanter Weise – sich qualitativ abgestuft und bzw. oder sequentiell entfalten. Offenbar entwickelt sich beim Menschen beispielsweise das Denken auf der Grundlage von (biologisch-entwicklungsmäßig, aber auch sozial und selbstaktiv bedingten) strukturellen Erkenntnis- und Handlungsmöglichkeiten. Neue Strukturen (oder höhere Strukturzustände) entstehen dadurch, dass der Mensch (das Kind, der Jugendliche, der Erwachsene) Erfahrungen mit seiner Lebensumwelt macht und diese auf der Grundlage seiner bisher verfügbaren Strukturen verarbeitet. Kommt es dabei zu Verstehensproblemen und einem „inneren Ungleichgewicht“, so kann das ausschlaggebend für eine Veränderung der bestehenden Struktur des Denkens, Fühlens, Wollens und Könnens bei ihm sein. Es kommt zu einer Differenzierung bestehender Strukturen oder zur Integration neuer Teilstrukturen, in jedem Falle verändert sich sein Strukturzustand. Wenn dies bei zwei Individuen auch nie gleich verläuft, so lässt sich dennoch bei beiden im Denken eine entwicklungsmäßige Abfolge überindividueller regelmäßiger Sequenzen und Stufen ausmachen (vgl. Piaget, Kohlberg u. a.).

Psychologische Begründung

Vor allem aus der *Lernpsychologie* kommen wichtige Gründe für die Strukturierung des Lernwegs der Schülerinnen/Schüler und der Wissensvermittlung im Unterricht. Zu denken ist hier – erstens – an den Prozess der Informationsverarbeitung. Er muss vom Lehrer/von der Lehrerin so organisiert werden, dass er den Gedächtnisformen beim Menschen Rechnung trägt. Es lässt sich ein ziemlich genauer Zeittakt angeben, der den Weg von der Wahrnehmung bis zur dauerhaften Speicherung einer Information betrifft – es sei denn, eine Information ist so beeindruckend, dass sie sofort behalten wird (vgl. z. B. ein Unfallereignis, ein besonders gelungener Witz o. Ä.). Der Weg umfasst folgende Stadien:

– Informationen werden durch die Sinnesorgane aufgenommen und kreisen für ca. 1 Sekunde als elektrische Impulse ohne feste Speicherung. Besteht an ihnen kein Interesse, werden sie nicht verstanden und fehlt es an Assoziationsmöglichkeiten im Gehirn, oder werden sie durch andere gleichzeitige (positive oder negative) Wahrnehmungen gestört, gehen sie wieder verloren (= Ultrakurzzeitgedächtnis).

- Kommt es zu Anknüpfungen an bereits bestehende Strukturen im Gehirn und ist die Wahrnehmung emotional akzeptiert, speichert das Gehirn die Information für ca. 30 Minuten (möglicherweise auch ein bis zwei Stunden) im so genannten Kurzzeitgedächtnis, auch Arbeitsgedächtnis genannt. Eine erste physikalisch-chemische Sicherung erfolgt.
- Bei der Langzeitspeicherung, die mit dem Arbeitsgedächtnis korreliert, kommt es dann zu Gedächtnisspuren (Engrammen) im zentralen Nervensystem. In das Langzeitgedächtnis gelangen Informationen nur insofern, als sie geübt und wiederholt werden. Um Informationen beliebig lange im Kurzzeitgedächtnis zu halten und ins Langzeitgedächtnis überführen zu können, muss man Strategien des Einprägens und systematisch angelegte Wiederholungen (am Anfang häufig, später in größer werdenden Intervallen) durchführen. Dabei ist zu beachten, dass die Behaltensquote der Informationen – außer von der Aufmerksamkeit und dem Grundmuster des Lernenden – von zwei weiteren Faktoren abhängt: erstens von der Art, wie die Information vermittelt wird, und zweitens von der Art der Information selbst.

In den ersten Stunden nach der Einprägung erfolgt der größte Gedächtnisverlust. Unstrukturiertes, unverstandenes und sinnloses Lernmaterial wird schneller vergessen als sinnhaltiges. Selbst erarbeitetes und audiovisuell aufgenommenes Lernmaterial behält man besser als nur gelesenes und nur gehörtes. Im Durchschnitt hat man 70–80 % des neu Gelernten nach ca. 5 Tagen vergessen, wenn es nicht in der Zwischenzeit wiederholt oder verwendet worden ist (s. auch Kap. 8).
Lernen als Aufbau und Veränderung von kognitiven Strukturen kann nach R. M. Gagné nur erfolgreich ablaufen, wenn beachtet wird, dass es hierbei hierarchisch aufeinander aufbauende Lernarten gibt, von denen die jeweils untergeordneten bewältigt sein müssen, damit die komplizierteren geleistet werden können: (1) Signallernen, (2) Reiz-Reaktions-Lernen, (3) Kettenbildung, (4) sprachliche Assoziation, (5) multiple Diskrimination, (6) Begriffslernen, (7) Regellernen, (8) Problemlösen. Operationen können nur gelingen, wenn die jeweiligen Lernvoraussetzungen erfüllt sind. Gelingen sie nicht, muss das Lernen auf einer niederen Stufe wieder aufgenommen werden. In jedem Falle müssen die Elemente, aus denen sich eine Lernaufgabe zusammensetzt, beim Lernenden wissens- oder könnensmäßig vorhanden sein – was eine Strukturierung der Lernaufgabe in Teilkomponenten nötig macht. Geschieht dies nicht, ist einsichtiges Lernen unmöglich und ebenso eine Verwendung oder Anwendung der anzustrebenden Kompetenzen. Neues muss immer an bestehende Strukturen „angebunden" werden können. Und dazu ist vor allem eine klare Begrifflichkeit die Voraussetzung. Klare Begriffe gewinnt der Schüler nicht schon durch Definitionen, sondern aus dem Be-Greifen, d. h. möglichst durch Vollziehen konkreter, sach- und themenbezogener Handlungen, die anschließend sprachlich und gedanklich nachvollzogen werden müssen (vgl. H. Aebli, L. S. Wygotsky).
Des Weiteren belegen empirische Untersuchungen, dass eine klare, relativ detaillierte Strukturierung des Unterrichts durch den Lehrer vor allem ängstlichen, lernschwächeren, unsicheren und nicht sehr leistungsmotivierten Schülern hilf-

reich ist. Ebenso wird das Erarbeiten und Behalten bei solchen Schülern dadurch gefördert, dass vom Lehrer strukturierende Fragen eingefügt und Übungen trainingsmäßig organisiert werden (Flammer).

Pädagogische Begründung

Die *Pädagogikgeschichte* trifft auf das Strukturierungsproblem immer dort, wo von der Artikulation des Unterrichts und von der Auswahl der Schulfächer die Rede ist. Im engeren Sinne wird das Prinzip aber da thematisiert, wo die Sachstruktur des Lerngegenstands mit der Persönlichkeitsstruktur des Lernenden zusammengebracht wird. Das ist beispielsweise bei M. Montessori († 1952) der Fall. Das von ihr durch Beobachtung von Kindern ermittelte so genannte „Montessori-Material" und die „vorbereitete Umgebung" weisen eine Ordnungs-, Inhalts- und Tätigkeitsstruktur auf, mit deren Hilfe das Kind selbsttätig und durch versunkende Hingabe an den Gegenstand in sich die Strukturen geordnet und klar aufbaut, derer es für seine persönliche Entwicklung bedarf. G. Kerschensteiner († 1932) fasst in seiner Schrift „Das Grundaxiom des Bildungsprozesses" (1917) die Strukturbeziehung zwischen Lerninhalt und Lernendem theoretischer. Er nimmt zwischen der geistig-seelischen Individualverfassung des Schülers und den zu lernenden Kulturgütern einen Funktionszusammenhang an. Seiner Meinung nach wird ein Kulturgut beim Schüler nur dann zu einem Bildungsgut, wenn und insofern die geistige Struktur dieses Kulturguts mit der geistigen Struktur dieses lernenden Individuums ganz oder zumindest teilweise adäquat ist.
Die *systematische Pädagogik* greift den Kerschensteinerschen Gedanken auf, wenn sie heute sagt, alles didaktische Tun diene dem Aufbau von Subjektstrukturen über sinnhaft ausgewählte Oberflächenstrukturen (Lerninhalte). Dabei wird unterstellt, dass es eine „morphologische Strukturverwandtschaft" (D. Lenzen) zwischen dem menschlichen Geist und der den Menschen umgebenden Realität gibt. Andernfalls ließe sich diese nicht erkennen, und es ließe sich auch nicht erklären, wie durch eine Beschäftigung mit dieser Realität beim Menschen die Persönlichkeitsentwicklung gefördert werden könne. Die Mit- und Umwelt des Menschen muss verstehbar sein bzw. verstehbar gemacht und sinnhaft geordnet werden können, und der Mensch muss imstande sein, sie zu verstehen. Durch Lernen kommt es dann zu einer individuellen Rezeption dieser Realität (Oberflächenstruktur) in die Tiefenstruktur des Bewussten oder Unbewussten beim Menschen. Von der Auswahl der dafür notwendigen und geeigneten Strukturen hängt deshalb alles ab. Lehrplankonstrukteuren und bildungspolitischen Entscheidungsgremien (Makrobereich) fällt daher an erster Stelle die Aufgabe zu, Lernen und Weltwissen oder -können so zusammenzubringen, dass es beim Schüler und bei der Schülerin zu einer Weiter- und Höherentwicklung der kognitiven, moralischen, sozialen, religiösen und emotionalen Kompetenzen kommen kann. Als Plan für eine bestimmte Jahrgangsstufe einer bestimmten Schulform kann der Lehrplan nur die im Allgemeinen erreichte bzw. erreichbare Entwicklungshöhe von (fiktiven) Kindern oder Jugendlichen eines bestimmten Alters

berücksichtigen. An zweiter Stelle sind deshalb die Lehrerinnen und Lehrer mit ihrer didaktischen Kompetenz gefordert (Mikrobereich). Sie müssen zum einen die vom Lehrplan vorgegebenen Lehrinhalte im Unterricht so strukturieren, dass möglichst jeder einzelne Schüler sie aufnehmen, sich mit ihnen auseinandersetzen und sie zu seiner persönlichen Weiterentwicklung nutzen kann; zum anderen müssen die Lehrer die Schüler ermuntern und veranlassen, die Lehrinhalte selbst zu ordnen und zu strukturieren, um diese in ihre individuelle Persönlichkeitsstruktur zu integrieren.

Soziologisch-gesellschaftliche Begründung

Der modernen Gesellschaft wird nachgesagt, sie sei ein äußerst komplexes System, das immer schwieriger steuerbar ist. Die Globalisierung und Internationalisierung des Wirtschaftens und Handelns wird dafür ebenso als Argument angeführt, wie die Pluralisierung der privaten Lebensstile und Lebensentwürfe. Daraus ziehen manche Bürger den Schluss, sich ins Private zurückzuziehen und lediglich für die Sicherung der eigenen Ansprüche Sorge zu tragen. Eine solche Reaktion birgt die Gefahr in sich, dass der einzelne seine Selbstbestimmung auf Grund von Systemzwängen einbüßt. Ein solcher Rückfall hinter die Aufklärung kann nur durch das Bemühen jedes einzelnen, die Komplexität und die Vernetzung der Systeme zu verstehen und darzustellen, verhindert werden. Widersprüche und Ambivalenzen durchschauen – und wenn nicht anders möglich – auch akzeptieren, rationale und emotionale Problemzugänge finden, alte Wissensarchitekturen überprüfen und ggf. durch neue Lösungsmuster ersetzen, kurz: Systeme denken und strukturieren können – das sind gesellschaftliche Aufgaben der Zukunft, wenn Freiheit, subsidiäre Gerechtigkeit, Toleranz, Friedfertigkeit und sozialer Ausgleich politische Ziele bleiben sollen. Dass der einzelne solche Strukturierung in letzter Konsequenz zu leisten selbst imstande sein muss, ist nicht nur ein Gebot der Aufklärung, sondern auch eine Unverzichtbarkeit in Zeiten postmodernen Denkens.

7.3 Möglichkeiten und Grenzen bei der Realisierung des Unterrichtsprinzips Strukturierung

Die Strukturierung des Unterrichts umfasst didaktisches Handeln in drei Bereichen: bei der Sachstruktur des Lehrinhalts, bei der methodischen Gestaltung des Unterrichts und bei den Lernprozessen der Schülerinnen und Schüler.

Möglichkeiten

Im erst genannten Bereich wird das didaktische Handeln des Lehrers/der Lehrerin zunächst durch die Schulfächer und durch deren Lehrplan vorbestimmt. Die meisten Schulfächer ordnen sich bestimmten Wissenschaftsdisziplinen zu und entnehmen diesen ihre spezifischen Grundprobleme, Wissensformen und Erkenntnismethoden. Sachanspruch, Sachgerechtigkeit und Sachlichkeit des

Unterrichts entscheiden sich daher immer im Bezug zu den Wissenschaften, denen sich der jeweilige Unterrichtsinhalt zuordnen lässt. Bei der Unterrichtsplanung ist es dann die Aufgabe des Lehrers, sich durch eine *Sachanalyse* Klarheit über die Struktur des Unterrichtsinhalts zu verschaffen. Dabei fragt er beispielsweise:

- Welchen Wissenschaften/wissenschaftlichen Teildisziplinen ist das Thema zugeordnet bzw. zuzuordnen und in welchem Zusammenhang steht es innerhalb dieser?
- Welche Forschungsergebnisse liegen aus den einzelnen Wissenschaften hierfür vor?
- Auf welche Informationsquellen können Lehrer und Schüler zurückgreifen?
- Welches sind die zentralen inhaltlichen Aussagen und welche Bedeutung haben sie für das Verständnis von Vorgängen und Denkweisen in Wissenschaft und Gesellschaft, im Arbeits- und Freizeitbereich, im öffentlichen und privaten Leben?
- Welches sind die einzelnen Momente des Inhalts als eines Sinnzusammenhangs?
- In welchem Zusammenhang stehen diese einzelnen Momente? a) In einem logisch „eindeutigen" Zusammenhang? (Meist in Mathematik und in Naturwissenschaften). In diesem Falle muss eine bestimmte Reihenfolge logischer Schritte eingehalten werden. b) In einem faktischen Wirkungszusammenhang, bei dem alle oder einige Momente in Wechselwirkung stehen, so dass die Reihenfolge ihrer Betrachtung nicht schon durch die Logik der Sache vorgezeichnet ist?
- Ist der betreffende Inhalt geschichtet? Hat er verschiedene Sinn- und Bedeutungsschichten? Können die Schichten relativ unabhängig voneinander verstanden werden oder setzt das Verständnis der einen Schicht das der anderen notwendig voraus?
- In welchem größeren sachlichen Zusammenhang steht dieser Inhalt? Was muss sachlich vorausgegangen sein?
- Welche Eigentümlichkeiten des Inhalts werden den Schülern den Zugang zur Sache vermutlich schwer machen?
- Was ist als notwendiger, festzuhaltender Wissensbesitz („Mindestwissen", „Basiswissen") anzusehen, wenn der Inhalt als angeeignet, als „lebendiger", „arbeitender" geistiger Besitz gelten soll? (nach W. Klafki)

Die Sachanalyse dient dem Lehrer als Hilfe,

- den Lerninhalt abzugrenzen und auf das Wesentliche, Elementare, Exemplarische zu konzentrieren
- ihn in Teilaspekte zu zergliedern, die nacheinander abzuhandeln sind
- auf die notwendigen Beziehungs- und Sinnzusammenhänge innerhalb des Unterrichtsthemas und bei dessen Anwendungsfeldern zu achten
- zentrale Begriffe und Vorstellungen zu identifizieren
- Lerninhalte mit Lernzielen zu verbinden
- fachmethodische Aspekte und fachbezogene Arbeitstechniken zu eruieren.

Im zweiten Bereich, der *methodischen Strukturierung des Unterrichts,* verbindet der Lehrer seine sachstrukturellen Überlegungen mit solchen zur Didaktischen Analyse und Didaktischen Reduktion. Denn nun geht es darum, den von der Sache her gebotenen Lernweg mit den Besonderheiten der Schülerlernwege zu verbinden. Sachbezogenheit *und* Adressatenbezogenheit bestimmen den methodischen Gang des Unterrichts und dessen Gliederung in Einstieg, Erarbeitung und Ergebnissicherung (Artikulation). Die methodische Struktur folgt sowohl den Vorgaben der Sachanalyse als auch den Anforderungen an

- die Rhythmisierung des Unterrichts in Phasen der Anspannung und Entspannung beim Lernen
- an die Methodenvariation zum Zwecke des Aufmerksamkeitserhalts bei den Schülern
- den Wechsel der Lernleistungsbereiche (kognitiv, emotional/sozial, pragmatisch)
- die Variation von Phasen des freien Lernens und solchen der Überprüfung des Gelernten
- die besonderen Interessen, Neigungen, Fähigkeiten, Vorkenntnisse und Lernkompetenzen der einzelnen Schüler
- die Notwendigkeit fest eingeplanter Phasen der Übung und Wiederholung des Lerninhalts
- die Unterstützung durch Medien und besonders durch ein den Unterrichtsverlauf abbildendes Tafelbild
- die Notwendigkeit, die vorhandene Lernzeit weitestgehend durch die Schüler nutzen zu lassen.

Im Bereich der *strukturellen Lernprozesse* bei den Schülern kommt alles darauf an, dass diese das Strukturieren lernen und die individuelle Struktur ihres Denkens, Fühlens, Wollens und Könnens in den Unterricht einbringen. Sie müssen dazu Gelegenheit erhalten, Begriffe, Denkoperationen, Problemlösestrategien, Handlungsschemata, Arbeitstechniken usw. zu erwerben. Dazu bietet sich ein Unterricht an, der

- Lernen durch Sammeln und Ordnen
- Lernen durch Staunen, Beobachten, Fragenstellen und Fragenlösen
- Lernen durch Entdecken
- Lernen durch Erkunden
- Lernen durch Experimentieren
- Lernen durch Gespräche führen und Kooperieren
- Lernen durch Hypothesenbildung, Planen und Ausführen
- Lernen durch Dokumentieren und Präsentieren

ermöglicht (vgl. Hempel).

Grenzen

Bei der Umsetzung des Unterrichtsprinzips Strukturierung gibt es einige nahe liegende Gefahren, die möglichst vermieden werden sollten. Solche Gefahren sind, dass

1. bei der Strukturierung des Unterrichts allein die Kognition berücksichtigt ist
2. sehr komplexe Sachverhalte unangemessen didaktisch reduziert werden
3. die Fachwissenschaften im Unterricht abgebildet werden
4. die Situationsgemäßheit und Offenheit des Unterrichts stark eingeschränkt werden
5. Mitsprache- und Mitwirkungsmöglichkeiten durch eine Gängelung des Lernwegs beschnitten werden
6. das Unterrichten an Lebendigkeit, Kreativität und Improvisation verliert
7. beim Lernen die Ganzheitlichkeit und der ganzheitliche Zugang zur Lebenswirklichkeit durch Vorstrukturierung verhindert wird
8. alle Schülerinnen/Schüler in derselben Reihenfolge, mit demselben Anteil an Lernzeit dieselben Lernschritte absolvieren, was bei ihnen zwangsläufig zu Überforderung und Unterforderung führt.

8. Das Unterrichtsprinzip Ergebnissicherung/ Nachhaltigkeit

Auch dieses Unterrichtsprinzip hat in der schulpädagogischen Literatur verschiedene Namen und Akzentuierungen: Prinzip der Leistungssicherung und -kontrolle, Prinzip der Erfolgsbestätigung, Prinzip der Erfolgssicherung, Prinzip der Übung, Prinzip der Sicherung, Prinzip der Leistungsfeststellung und Leistungsbewertung, Prinzip der Lernerfolgskontrolle, Prinzip der Effektivität. Da der im Schulunterricht festzustellende und zu sichernde Erfolg in der Regel das Resultat einer Lernleistung (im weiten Sinne des Wortes) von Schülern und Schülerinnen ist, – zustande gekommen durch Mitwirkung seitens des Lehrers/der Lehrerin –, lassen sich die unterschiedlichen Bezeichnungen für das Prinzip unter den Begriffen „Ergebnissicherung“ und neuerdings „Nachhaltigkeit“ subsummieren. Es unterstreicht, dass jeder Unterricht auf den Erwerb, die Feststellung und den dauerhaften Erhalt von Lern- und Leistungsergebnissen ausgerichtet ist. Die Rede von erfolgreichen Lernergebnissen lässt an die Alltagsweisheiten denken, dass „nichts erfolgreicher macht als Erfolg“ und dass „die Götter vor den Erfolg den Schweiß gesetzt haben“.

Das Unterrichtsprinzip Ergebnissicherung/Nachhaltigkeit steht in einem engeren Verhältnis mit den Prinzipien Strukturierung, Zielorientierung/Zielverständigung, Differenzierung, Motivierung und Selbsttätigkeit. Eine unmittelbar zuzuordnende Unterrichtskonzeption gibt es zur Zeit noch nicht, es sei denn man sieht im Einprägenden Lernen eine solche. Die amerikanische Konzeption des „brain-based-learning/brain-based-teaching" reflektiert indes die Aspekte dieses Prinzips am besten.

8.1 Begriffsbestimmung

Mit dem Unterrichtsprinzip Ergebnissicherung/Nachhaltigkeit wird zum Ausdruck gebracht, dass bei der Unterrichtsplanung sowie während und nach der Unterrichtsgestaltung didaktische Maßnahmen vorzusehen sind, die den Erfolg und das Ergebnis des erworbenen Wissens, der erarbeiteten Einstellungen und des erlangten Könnens bei den Schülerinnen und Schülern feststellen und systematisch gegen Vergessen und Verfall absichern. Von den Schülern erfolgreich angeeignete Lerninhalte, Lernziele, Lernstrategien, Arbeitstechniken und Schlüsselqualifikationen sollen auf diese Weise stabilisiert werden, damit das in der Gegenwart Gelernte möglichst von Dauer ist und in der Zukunft Bestand hat. Das Unterrichtsprinzip realisiert insofern auch die heute oft gehörte Forderung nach nachhaltigem Lernen in der Schule.
Die Ergebnissicherung ist indes nicht nur für den Erhalt von solidem Wissen und Können und für das dauerhafte Verfügbarmachen neu gewonnener Fertigkeiten, Erkenntnisse, Einsichten, Emotionen und Verhaltensweisen wichtig. Sie kann auch die Aufgabe der Schule unterstützen, Kindern und Jugendlichen bei ihrer Identitätsentwicklung zu helfen. Denn dafür sind Lernerfolge und Leistungen, die andere wahrnehmen und bestätigen, von großer Bedeutung.
In den letzten Jahren wird dieses Anliegen immer mehr mit dem Begriff „Nachhaltigkeit" umschrieben. Ursprünglich aus der Forstwirtschaft kommend (18. Jh.: Nachhaltigkeit bei der Waldbewirtschaftung = es durfte nur so viel Holz geschlagen werden, wie wieder nachwuchs), wurde Nachhaltigkeit in den 1990er Jahren losgelöst vom Zusammenhang der Umweltbildung und zum Qualitätsbegriff für schulische Lehr-Lern-Prozesse verallgemeinert: Guter Unterricht führt zu nachhaltigem Lernen auf Seiten der Schüler, d. h. zu einem Lernen, das zukunftsfähig und dauerhaft ist. Verstärkt durch die Ergebnisse der internationalen Vergleichsstudien (TIMSS, PISA) und die Defizite deutscher Schüler an verfügbaren und anwendbaren Verstehensleistungen, wird nun vom Unterricht verlangt, dass das dort Gelernte den Schülern als Wissen und Können dauerhaft zur Verfügung steht, und zwar so, dass es auf zukünftige Situationen anwendbar ist. Dazu muss die Kluft zwischen Wissen und Handeln, die in der Schule festgestellt wurde, überwunden werden; das in der Schule zu erwerbende Wissen soll gerade nicht als statischer, abgelegter und ggf. erinnerbarer Wissensbesitz verstanden und vermittelt werden (= „träges Wissen"), sondern als konkret einsetzbare Wissensbasis für spezifische gegenwärtige oder zuküftige Handlungssituationen.

> Das Unterrichtsprinzip Ergebnissicherung/Nachhaltigkeit fordert didaktische Maßnahmen, damit Schülerinnen und Schüler die im Unterricht erworbenen beabsichtigten und förderlichen Lerneffekte systematisch verinnerlichen und dauerhaft im Gedächtnis verfügbar haben.

Das Prinzip Ergebnissicherung/Nachhaltigkeit betrifft also
- das Basiswissen und Basiskönnen der einzelnen Unterrichtsfächer
- die erforderlichen fachbezogenen Lern- und Arbeitstechniken und überfachlichen Schlüsselqualifikationen
- die persönliche Lernentwicklung des einzelnen Schülers/der einzelnen Schülerin
- die von den Schülern/Schülerinnen zu erwerbenden Einstellungen und Verhaltensweisen.

8.2 Wissenschaftliche Begründungen für das Unterrichtsprinzip Ergebnissicherung/Nachhaltigkeit

Das Unterrichtsprinzip Ergebnissicherung/Nachhaltigkeit erhält argumentative Unterstützung von den folgenden Überlegungen her:

Anthropologische Begründung

Anthropologisch betrachtet, macht die Lernfähigkeit des Menschen seine artspezifische Überlegenheit und das Besondere seines Verhaltensrepertoires aus (Weber; Liedtke). Der Mensch verfügt über die Fähigkeit zum abstrakten, von Situationen und Bedingungen ablösbaren Denken und Lernen. Er kann seine Gedanken sprachlich-begrifflich fassen und dadurch anderen Menschen mündlich oder schriftlich mitteilen. Das ist die Voraussetzung dafür, dass Wissen, Einstellungen und Erfahrungen nicht subjektiv-individuell bleiben und mit dem Tod dessen, der über sie verfügt, verloren gehen. Intergenerationell und intragenerationell, synchronisch und diachronisch, können sie verbreitet werden und weder jeder einzelne, noch Menschengenerationen müssen alle Erfahrungen, Irrwege, Risiken und Umwege im Denken und Handeln selbst und wieder neu machen. Die Folge davon ist eine Ausweitung des Informationshorizonts des Einzelnen, eine Zeiteinsparung bei der Informationsgewinnung, eine Effektivitätssteigerung des Lernens und eine fortschreitende Weiterentwicklung der Traditionskultur. Die Entwicklung der Menschheitsgeschichte belegt eindrucksvoll, wie die Fortschritte zu einer verbesserten Lebensqualität der Menschen an das Wissen und Können einzelner leistungsexzellenter Menschen ebenso gebunden sind wie an den Bildungsstand und die Sach-, Sozial-, Selbst- und Methoden-Kompetenzen aller Gesellschaftsmitglieder.
Dass Erfolg für die gesunde Persönlichkeitsentwicklung entscheidend ist, belegt die heutige Diskussion um das Selbst des Menschen. Im Verständnis der neueren

kognitivistischen und humanistischen Persönlichkeitspsychologie gilt das Selbst des Menschen – wie bereits dargestellt – als Motor, Energiebasis und Kern seiner Persönlichkeitsstruktur. Für die Entwicklung des Selbst von entscheidender Bedeutung ist die Erfüllung von drei angeborenen, grundlegenden Bedürfnissen: dem Bedürfnis nach Kompetenz und Wirksamkeit beim Ausführen von Handlungen, dem Bedürfnis nach Autonomie, d. h. sich selbst als wirksam, frei entscheidend oder mit entscheidend, als die Umwelt verändernd und als selbstbestimmt zu erleben, und dem Bedürfnis nach sozialer Beziehung, nach sinnvollem Kontakt zu anderen Personen und nach Zugehörigkeit zu einer sozialen Gemeinschaft. Von besonderer Bedeutung für die Selbstverwirklichung ist die Erfahrung der Selbstwirksamkeit, das Gefühl, etwas zu können. Denn dieses Gefühl beeinflusst die Wahrnehmung, die Erwartungen und die Leistungsfähigkeit in herausfordernden Situationen. Dass es bei Handlungen zu einer Selbstbestätigung, zu Könnenserfahrungen, kommt, ist entscheidend für das Selbstkonzept und das Selbstwertgefühl eines Menschen. Mit „Selbstwert“ ist eine positive Grundeinstellung des Menschen zu sich selbst gemeint, bei der er sein eigenes Wesen, seine eigenen Anlagen und Fähigkeiten wertschätzt, sich selbst für wertvoll hält. Dafür sind aber die Rückmeldungen und Spiegelungen entscheidend, die er von Menschen und aus Erfahrungen in seiner Umgebung erhält. Der Mensch bedarf also der Erfolge mit seiner Selbstwirksamkeit, die Außenstehende ihm signalisieren und bestätigen (vgl. Waibel).

Psychologische Begründung

Die Psychologie bestätigt die Bedeutsamkeit der Feststellung und Sicherung von Lern-(und Verhaltens-)Ergebnissen in nahezu allen ihren Teildisziplinen. In der *Persönlichkeitspsychologie* ebenso wie in der *Entwicklungspsychologie*, in der *Motivationspsychologie* gleichermaßen wie in der *Pädagogischen Psychologie*. Denn erfolgreich verlaufende Lernvorgänge wirken generell positiv verstärkend. Das belegen die zentralen Theoriemodelle der *Lernpsychologie.* Bereits beim klassischen Konditionieren (vgl. I. P. Pawlow) stellte sich ein Lernzuwachs heraus, wenn es zur Bildung einer festen Assoziation zwischen einem bedingten und einem unbedingten Reiz kam; allerdings mussten beide Reize gleichzeitig und wiederholt dargeboten werden. Beim „Lernen durch Versuch und Irrtum“, einer Art „Konsequenzenlernen“ (vgl. E. L. Thorndike), durchläuft der Lernvorgang die Phasen: wahlloses Herumprobieren (trials) ohne Erfolgserlebnis (error), zufällig richtige Reaktion mit Erfolgserlebnis (Verstärkung/reinforcement), erneutes Probieren mit ähnlichen Aufgabenstellungen mit immer weniger Fehlversuchen bis hin zur sofortigen richtigen Lösungshandlung (positiver Nacheffekt). Dabei entsteht das Gesetz des Erfolgs (law of effect). Für erfolgreiches Lernen ist nach dieser Lernform Aktionsbereitschaft (Motivation) und Reaktionsvielseitigkeit, Übung und Wiederholung sowie die positive Auswirkung des Erfolgs vonnöten.
Die Lerntheorie der „operanten Konditionierung“ (vgl. B. F. Skinner) belegt, dass Verhalten durch Verstärkung (reinforcement) in seiner Auftrittswahrscheinlichkeit gesteigert wird. Denn Lebewesen tendieren dazu, angenehme Folgen ihres

Verhaltens immer wieder zu erhalten und unangenehme möglichst zu vermeiden. So kann es durch Bekräftigung (Verstärkung, Lob, Tadel, Gefühle der Befriedigung, Glücksempfinden) zur Verhaltensformung kommen. Allerdings muss die Verstärkung unmittelbar nach dem Verhalten erfolgen, sie muss spezifisch (und nicht allgemein) sein und sollte – zumindest am Anfang – kontinuierlich und konsequent gegeben werden.
Zwar sind „kognitive Lerntheorien" gestalt- und ganzheitstheoretisch begründet und sehen im Lernen einen Strukturierungs- und Umstrukturierungsvorgang von Wahrnehmen, Denken und Handeln, der Lernerfolg stellt sich ihnen zufolge aber meist in Form eines Aha-Erlebnisses und eines fruchtbaren Moments (F. Copei) als Einsicht in die Problemlösung dar. Dieses so vom Lernenden konstruierte Lernerfolgsergebnis erweist sich dann als sehr einprägsam.
Selbst beim „Lernen am Modell" (Imitationslernen) spielen Erfolgsbestätigung und Ergebnissicherung eine wichtige Rolle. Denn eine Bedingung dafür, dass man das Verhalten eines Modells nachmacht, ist, dass dieses Verhalten erfolgreich war.
Lernpsychologisch belangvoll ist ferner, dass die Absicherung von Gelerntem gegen das Vergessen den Informationsaufnahmeprozess im Gehirn berücksichtigen muss. Erstens bedeutet das, die Konzentrationsfähigkeit des Lernenden bei der Aufnahme neuer Lerninhalte nicht zu überfordern (bei 5–7-Jährigen: ca. 15 min, bei 7–10-Jährigen: ca. 20 min, bei 11–12-Jährigen: ca. 25 min, bei 12–15 Jährigen: ca. 30 min). Pausen, Lern- und Methodenwechsel sind daher vorzusehen. Zweitens heißt das, dass die vom Stoffwechsel bedingte, tageszeitlich schwankende Leistungsfähigkeit des Lernenden beachtet werden muss, die ein Hoch zwischen 10 und 11 Uhr morgens hat. Drittens meint es, dass der Zeittakt des Gedächtnisses (Ultrakurzzeitgedächtnis, Kurzzeitgedächtnis, Langzeitgedächtnis) und die Gedächtnisarten (episodisch, semantisch, prozedural) beachtet werden müssen. Neuer Lernstoff sollte demnach erstmals nach einigen Minuten (im Zeitraum von 10–30 min) wiederholt werden, dann wieder nach einigen Stunden, am ersten Folgetag, nach einer Woche und nach einem Monat.

Pädagogische Begründung

Es liegt in der Natur der Sache, dass Gelerntes festgestellt und behalten wird, andernfalls hätten Aufwand und Anstrengung wenig Sinn. Deshalb sind in der *Geschichte* der Didaktik seit J. F. Herbart († 1841) im Rahmen der Artikulationsschemata immer auch Phasen der Ergebnissicherung zu finden. Dabei fällt auf, dass diese sowohl einen Anteil der Erarbeitungsphase ausmachen als auch einen eigenständigen Gliederungsteil darstellen. Bei Herbart selbst finden sie in der 3. Unterrichtsphase („System" als Aufbereitung und Einordnung des neu Gelernten in die bisherigen Erkenntnisse) und in der 4. Unterrichtsphase („Methode" als Anwendung und Verifikation des neu Gelernten) Beachtung, bei den Herbartianern W. Rein († 1929) heißen sie „Zusammenfassung" (des Begrifflichen) und „Anwendung" (der gewonnenen allgemeinen Erkenntnis oder Erfahrung) bzw. bei F. W. Dörpfeld († 1893) „Denken" und „Anwenden". Das viel verwendete,

6-stufige Artikulationsschema von H. Roth († 1983) enthält nach den Stufen Motivation, Schwierigkeit und Lösung sogar drei weitere Stufen, nämlich „Tun und Ausführen“, „Behalten und Ausüben“ und „Bereitstellen, Übertragung, Integration“, die der Feststellung und gedanklichen Absicherung des neu Gelernten dienen. Die Kybernetisch-informationstheoretische Didaktik, vertreten vor allem von F. v. Cube und H. Frank Mitte der 60er Jahre des 20. Jahrhunderts, sah in der ständigen Feststellung und Kontrolle des Lernzustands der Schüler ein wesentliches Element im Steuerungsprozess des Lernens von einem Ist-Wert zu einem Soll-Wert. Der Lernzustand der Adressaten müsse schnell, exakt und kontinuierlich festgestellt und rückgemeldet werden, damit der gesteuerte Lehrprozess dem sofort angepasst werden kann („Rückkopplungen“).
Feststellen und Sichern des Lehr-Lern-Ergebnisses sind auch unter *systematischem* Gesichtspunkt von großer Bedeutung. Lernen in der Schule nimmt Lebenszeit von Kindern und Jugendlichen in Anspruch und muss sich daher von seinen Ergebnissen her legitimieren. Das spricht für eine geplante Kontinuität im Lernweg der Schülerinnen/Schüler, der möglichst ohne Brüche verlaufen sollte. Kontinuierliche Lernwege brauchen Abschnitte, denen bestimmte „Sockelniveaus“ erwartbarer Lernergebnisse zugeordnet werden müssen, ohne die ein Voranschreiten nicht möglich oder nicht sinnvoll ist. Ferner ist die Ergebnissicherung aus förderdiagnostischen Gründen nötig. Um Schülern mit Lernproblemen gezielt helfen zu können, muss deren Lernstand sowohl möglichst detailliert erfasst und analysiert, als auch gegen Lernrückschritte gedächtnismäßig abgesichert werden. Die Notwendigkeit zu verhindern, dass erworbene Kompetenzen wieder verloren gehen, gilt im übrigen für alle Lernbereiche. Nicht nur die Sachkompetenz zählt dazu, sondern auch die vorhandene Ich- und Sozial-Kompetenz. Für alle drei Kompetenzarten gilt die Forderung, den (einzelnen) Schülern immer bewusst zu halten, welches Kompetenzniveau sie bereits erreicht haben und in welchen Bereichen Fortschritte erforderlich sind. Schließlich fördern Ergebnisfeststellung und -sicherung auch die Verantwortlichkeit des Schülers für sein eigenes Lernen und Verhalten. Die Erfolgsbestätigung wirkt motivierend, ganz gleich ob sie von anderen Personen, von der Gruppe oder auf Grund natürlicher Verhaltensfolgen geschieht. Ist festzustellen, dass kein Erfolg vorliegt, und erkennt der Schüler die Gründe dafür bei sich, kann auch dies lernfördernde Effekte auslösen. Lernenlassen aus den natürlichen Konsequenzen des eigenen Verhaltens und Wollens, ist zudem ein erfolgreiches Erziehungsmittel.

Soziologisch-gesellschaftliche Begründung

Die spätmoderne Gesellschaft von heute wird als *Lerngesellschaft* bezeichnet, in der alle Gesellschaftsmitglieder zu lebenslangem Lernen fähig und bereit sind. Auf einer basalen Ebene werden dabei ein solides Grundwissen (Basiswissen, verbunden mit der Fähigkeit zur Aneignung von Spezialwissen) und solide Grundfertigkeiten (angefangen mit den Kulturtechniken bis hin zu Schlüsselqualifikationen wie Kooperationsfähigkeit, Kommunikationsfähigkeit, Selbstständigkeit, Eigenverantwortlichkeit, Methodenkompetenz usw.) erwartet. Darüber hinaus wird höherqualifizierendes Lernen erfordert, damit der einzelne neue Berechtigungen erwirbt, um den Wirtschaftsstandort Deutschland zu sichern und den eigenen Lebensstandard halten zu können. Lebenslanges Lernen macht nachschulische Lernorte nötig, fordert aber auch von der Schule als der allgemeinverbindlichen Institution der Erstausbildung die Sicherung grundlegender Qualifikationen und Einstellungen bei den Schülerinnen/Schülern. Schulqualität definiert sich daher heute stark über den „Output", über die feststellbaren und gesicherten Kenntnisse, Einstellungen und Verhaltensweisen der Schüler (vgl. TIMSS, PISA etc.). Das Evaluationsdenken der Wirtschaft nimmt Einzug in die Schule. Interne Evaluation durch die Betroffenen und Beteiligten und externe Evaluation durch Begutachtung von außen sind längst wichtige Elemente der derzeitigen Schulentwicklung geworden. Die Ergebnisse von Schule und Unterricht werden festgestellt; es wird überprüft, wie die wichtigen Kompetenzen der Schüler gesichert sind. Als Qualitätsmerkmal guter Schulen in der Lerngesellschaft gilt deshalb die Festlegung klarer Lernziele sowie die Lernergebnisfeststellung und -sicherung.

8.3 Möglichkeiten und Grenzen bei der Realisierung des Unterrichtsprinzips Ergebnissicherung/Nachhaltigkeit

Die Lernergebnisse der Schülerinnen und Schüler lassen sich auf unterschiedliche Weise unterrichtlich vorbereiten, feststellen und sichern, was grundsätzlich mündlich, schriftlich oder praktisch geschehen kann.

Möglichkeiten

Für die Ergebnissicherung/Nachhaltigkeit ist bereits die *Phase der Informationsdarbietung* entscheidend. Sie soll Motivation, Selbsttätigkeit, Veranschaulichung und Differenzierung berücksichtigen und Lerninhalte mit Lernzielen so an die Schüler heranbringen, dass diese sie sinnvoll-entdeckend oder sinnvoll-rezeptiv (vgl. J. S. Bruner) aneignen können. Strukturierte Tafelanschriften vermögen dies noch zu unterstützen.
Unter dem Gesichtspunkt der Nachhaltigkeit ist vor allem das so genannte „Situierte Lernen" wichtig. Es wird erreicht (1) durch die Einbettung des Lernens in authentische Problemlösungen, dadurch dass Schüler ihr Wissen in realitätsnahen, durchaus komplexen Lernsituationen erwerben, die mit Verwendungssituationen verknüpft sind; (2) durch Berücksichtigung multipler Perspektiven bei den Lerninhalten und beim Erwerb von Kompetenzen, damit Detailwissen interdisziplinär vernetzt gelernt wird; (3) durch Wissensaustausch und Wissensaustausch in Lerngemeinschaften, zu denen sich die Schüler aus eigenem Antrieb und Interesse zusammenfinden; (4) durch Anregung der Schüler zur Selbstreflexion, damit sie ihre Problemlösungen und Lernwege noch einmal aus kritischer Distanz betrachten und auf ihre Bedeutsamkeit befragen können. Dazu verdienen die unterrichtlichen Qualitätsmerkmale „klare Strukturierung", „sinnstif-

tendes Kommunizieren" und „intelligentes Üben" (vgl. H. Meyer) besondere Beachtung.
Ist der *Unterrichtsverlauf* problemorientiert angelegt, in überschaubare Lernabschnitte geteilt und werden dazu jeweils Teil- und Zwischenergebnisse (mündlich oder schriftlich) diskutiert, dient das der nachhaltigen Lernerfolgssicherung. Erfolgen dabei zusätzlich Rückverweise auf den beschrittenen Lernweg, Querverweise auf früher Gelerntes, das hierzu in Beziehung steht und Ausblicke auf die zukünftige Verwendbarkeit sowie eine Vorausschau auf die nächsten Lernschritte, verstärkt sich dieser Effekt noch.

Daneben gibt es *einige methodische „Großformen"* zur Erfolgs- und Ergebnissicherung im Unterricht:

- die *Übung:* Lerninhalte gegen das Vergessenwerden absichern, geht nicht ohne regelmäßig eingeplante und abwechslungsreich gestaltete Phasen der Wiederholung. Detailkenntnisse, Einzelfunktionen oder Fertigkeiten werden dabei nicht einfach mechanisch praktiziert oder einem Drill unterworfen; vielmehr werden motorische und kognitive Abläufe oder Handlungsvollzüge so lange wiederholt, bis sie nahezu gewohnheitsmäßig durchgeführt werden und vervollkommnet sind, also nicht mehr in allen Abschnitten über ihre Bewältigung nachgedacht werden muss. Erfolgreiches Üben setzt voraus, dass der Schüler um das Übungsziel weiß und es möglichst von sich aus anstrebt, dass das Übungsklima entspannt ist und die Übungsphasen nicht übertrieben lange ausgedehnt werden sowie dass die Übungsformen variieren. Ebenso wichtig ist die zeitliche Verteilung der Übungsphasen.
- die *Anwendung:* Geübt werden kann natürlich auch durch Anwendungsaufgaben. Das Besondere der Anwendung liegt darin, dass mit ihr nicht nur Wissenselemente gesichert werden, sondern deren Verstehen. Denn hier geht es um die Verwertung des Gelernten in praxisbezogenen, lebensnahen Zusammenhängen und Bereichen. Der Schüler erfährt dabei eine Rückmeldung, ob er den Lerninhalt tatsächlich beherrscht (Kontrolle), er festigt ihn noch einmal durch die Verwendung im konkreten Bezugsfall (Sicherung) und merkt, dass der Lernstoff von praktischem Nutzen ist.
- der *Transfer*: Transferaufgaben unterscheiden sich von Anwendungsaufgaben dadurch, dass die Schüler das Gelernte auf neue, nur ähnliche, meist aber kompliziertere Bereiche oder Situationen übertragen können müssen. Dieses Übertragungslernen kann horizontal durchgeführt werden, so wenn der gelernte Sachverhalt auf ähnliche Sachverhalte der gleichen Grundstruktur transferiert wird, oder vertikal, wenn er auf höhere, komplexere, anspruchsvollere Sachverhalte erfolgt. Da sich die Fähigkeit, das in einem Fach Gelernte auf die anderen Fächer bei entsprechender Problemstellung zu übertragen, beim Schüler nicht von allein einstellt, muss der Lehrer dafür geeignete Beispielfälle zur Lösung aufgeben. Lernhemmend wirkt sich der Transfer dann aus, wenn es zu Interferenz kommt wie beispielsweise, wenn man Vokabeln aus einer Fremdsprache in eine andere überträgt (vgl. die bekannten „faux amis"); in diesem Falle spricht man von negativem Transfer (ansonsten von positivem).

- die *Hausaufgabenstellung:* Hausaufgaben ergänzen, unterstützen und steigern die schulische Unterrichtsarbeit bei der Lernerfolgssicherung. Dem Lern- und Leistungsprofil des einzelnen Schülers angepasst, können sie durch gezielte Übungs-, Anwendungs- und Transferaufgaben das selbstständige Lernen erheblich fördern, ohne seine Lernmotivation zu beeinträchtigen.
- die *Vertiefung durch Reflexion*: Nochmaliges Bewusstmachen von Problemen und Lernwegen am Schluss der Stunde, Gespräche und Diskussionen darüber, inwiefern Lerninhalte den Schüler persönlich betreffen oder ob und wie sie von Wert für Mensch und Gesellschaft sind – auch das sind Möglichkeiten, Gelerntes bei den Schülern zu verankern. Gleichermaßen wichtig ist hier auch die direkte Leistungsvorlage der Schüler durch Portfolios, Lerntagebücher, selbst erstellte Präsentationen, Gruppenforen etc.
- Auch die *mündliche, schriftliche und praktische Leistungsüberprüfung* gilt als Form der Ergebnissicherung beim Lernen. In pädagogisch verantwortlicher Art durchgeführt, orientiert sie Schüler und Lehrer über den vom Unterricht wesentlich mitbewirkten Lernleistungsstand jedes Einzelnen in einer Klasse.
- In jedem Unterrichtsfach, in jeder Jahrgangsstufe die Festlegung von Grundwissensbeständen
- und die Verpflichtung auf fächerübergreifende, realitätsnahe Projekte
- Die Umorganisation des Lehr-Lernprozesses, weg von kontextunabhängigem Faktenwissen hin zu verstehendem Lernen

  Die Vorbereitung darauf veranlasst viele Schüler, sich noch einmal intensiv mit dem Lernstoff auseinander zu setzen und ihn behalten zu wollen. Allerdings gelingt diese Art von Ergebnissicherung nur in dem Maße, als deren Modalitäten angst- und repressionsfrei sind, die Benotungspraxis kritisch reflektiert ist und die individuellen Leistungsergebnisse nicht einem vermeintlich objektiven Klassenmaßstab geopfert werden.

Ergebnissicherung/Nachhaltigkeit hat schließlich auch etwas mit dem *Erlernen von Lern- und Gedächtnisstrategien* durch die Schüler zu tun. Beispiele dafür sind das Einprägen durch akustisches, visuelles, motorisches und spielerisches Umsetzen eines Lernstoffs, durch Verwendung von Mnemotechniken wie Reime, Rätsel, Spiele, Merkverse usw. sowie durch Strukturierung, Ordnen und Assoziationsherstellung, durch Clustering oder Mindmapping usw. Hierzu muss der einzelne Schüler/die einzelne Schülerin sich als Lerntyp selbst kennen lernen und die für ihn/sie besonders effektive Lernweise selbst herausfinden.

Grenzen

Probleme bei der praktischen Anwendung des Unterrichtsprinzips Ergebnissicherung/Nachhaltigkeit gibt es, wenn

1. die eingeplanten Ergebnissicherungen sehr kurzschrittig sind und dadurch dauernd das ganzheitliche Lernen stören oder unterbrechen

2. durch die Ergebnissicherungen Leistungsdruck, Leistungsangst oder Schulangst entstehen oder gefördert werden
3. die Maßstäbe für den Lernerfolg den Schülerinnen/Schülern nicht transparent gemacht werden
4. Lerninhalte bei der Ergebnissicherung nur hinsichtlich ihrer kognitiven Aspekte in den Blick genommen werden
5. durch die Art der Ergebnisfeststellung und -sicherung die Misserfolgserlebnisse der Schüler in den Vordergrund gerückt werden und es zu einer sozialen Selektion innerhalb der Klasse oder zu anderen unerwünschten Nebenwirkungen kommt
6. bei der Unterrichtsplanung nicht zwischen Phasen des Lernens und Phasen der Leistungsüberprüfung klar getrennt wird, so dass die Schüler sich permanent unter Leistungsdruck gesetzt fühlen und nicht mehr ausprobierend, entdeckend und „sanktionsfrei“ lernen können
7. der Unterricht wegen der Stofffülle des Lehrplans und der Kürze der 45-min- oder 90-min-Stunde unter Zeitdruck erfolgt, vorrangig die Vermittlung neuen Wissens betreibt, und daraufhin Übung, Anwendung, Transfer und Reflexion allein in die häusliche Nacharbeit verlagert werden.

III. Unterrichtsprinzipien und Qualitätsmerkmale von Unterricht

Im letzten Jahrzehnt ist, veranlasst durch die TIMSS- und PISA-Ergebnisse, die Frage nach der Feststellung und Sicherung der Unterrichtsqualität intensiv gestellt und systematisch bearbeitet worden. Dabei ergab sich eine große Schnittmenge mit den bereits erarbeiteten Unterrichtsprinzipien; deren Liste wurde aber um einige wesentliche Punkte ergänzt. Der Grund dafür ist in den unterschiedlichen didaktischen Handlungsfeldern zu sehen, auf die die Unterrichtsprinzipien einerseits und die Qualitätskriterien andererseits abzielen. Während die Unterrichtsprinzipien Orientierung für die Unterrichtsplanung geben und damit Grundlage für einen effektiven und didaktisch guten Unterricht sind, richtet sich das Augenmerk derer, die die Qualität des Unterrichts anhand vorgegebener Kriterien feststellen wollen, (in erster Linie) nicht auf den geplanten, sondern auf den tatsächlich durchgeführten Unterricht; der gehaltene Unterricht wird analysiert und bewertet. Bei dieser evaluierenden Unterrichtsanalyse spielt die Umsetzung der berücksichtigten Unterrichtsprinzipien im Lehrerhandeln vor und mit der Klasse eine Rolle, die Transformation der Planung in Handlungen und wie dem Lehrer/der Lehrerin dies in der konkreten und komplexen Klassensituation gelingt. Das Agieren und Reagieren des Lehrers, wie er motiviert, Gruppenarbeit organisiert und auswertet, mit unvorhersehbaren Situationen umgeht, wie er bei Unterrichtsstörungen verfährt, warum und wie er von seiner Planung abweicht oder warum er es nicht tut, ob ihm ein lernförderliches Lernklima gelingt und wie er mit Schülern/Schülerinnen umgeht, was er sagt und wie er spricht, inwieweit auch die Schüler den „roten Faden“ seiner Unterrichtsstunde sehen, wie sensibel er die Schülerantworten wahrnimmt und ihnen diagnostische Hinweise für eine individuelle Förderung entnimmt, ob er bei Rückfragen von Schülern die dem Sachanspruch entsprechende Fachkompetenz aufweist, wie er sich als Persönlichkeit einbringt und die Persönlichkeit der Schüler respektiert, wie viel Zeit die Schüler sich tatsächlich mit dem Erlernen des Unterrichtsthemas beschäftigt haben, wie die eingesetzten Medien und Materialien beschaffen waren usw. Beispiele ließen sich noch viele beibringen. Sie zeigen allesamt den Unterschied zwischen Unterrichtsprinzipien und Qualitätskriterien von Unterricht. Jedes Unterrichtsprinzip ist nämlich „in einem Zusammenhang die subjektiven, intersubjektiven und objektiven Perspektiven zu sehen.“ (Kiel 2008, S. 19)

1. Unterrichtsqualität

Die Qualität von Unterricht zu bestimmen, ist nicht leicht. Qualität, allgemein als bewertete Beschaffenheit oder werthaltige Eigenschaft eines Sachverhalts oder Gegenstands definiert, muss sehr differenziert gesehen werden, wenn er auf die gesellschaftliche Institution Schule und deren Kerngeschäft, den Unterricht, bezogen wird. Das liegt einerseits am Begriff „Qualität", der Unterschiedliches am Unterricht betreffen kann, und andererseits daran, dass die am Unterricht beteiligten und von ihm betroffenen Personen/Personengruppen dessen Qualität durchaus verschieden einschätzen. Im Unterschied zu Profit-Organisationen wie Betrieben oder Unternehmen, die etwas produzieren und für die Qualität ist, wenn der Kunde zurückkommt, nicht aber das verkaufte Produkt, richtet sich die Frage der Unterrichtsqualität (1) auf die Qualität der unterrichtlichen Interaktionsprozesse (Prozessqualität), (2) auf die Qualität der Lernzuwächse von Schülerinnen/Schüler im kognitiven, emotionalen, volitionalen und pragmatischen Bereich (Produktqualität), (3) auf die Qualität der Rahmenbedingungen, d. h. der strukturellen Aspekte des Unterrichts und der Schule (Strukturqualität) und (4) auf die Qualität der erzieherischen und bildenden Aktivitäten und Interventionen des Lehrers/der Lehrerin beim Unterrichten (Orientierungsqualität). Ferner ist damit zu rechnen, dass die Unterrichtsqualität, aufgeschlüsselt nach den genannten vier Bereichen, von Lehrern, Schülern, Eltern, Vertretern der Schulaufsicht, Unterrichtsforschern, Bildungspolitikern, Verbandsvertretern und auch von der medialen Öffentlichkeit nach unterschiedlichen Gesichtspunkten und nach unterschiedlichen Kriterien bewertet wird.

Entscheidend für die Feststellung der Unterrichtsqualität ist daher Transparenz bei der Vorgehensweise und beim Zustandekommen der Beurteilung. Im Einzelnen heißt das:

- Klärung des bei der Qualitätsermittlung zugrunde gelegten Vorverständnisses von Unterricht: Unterricht als „vieldimensionale Faktorenkomplexion" (F. Winnefeld) mit einzeln analysierbaren Strukturelementen/Variablen oder Unterricht als offene Kommunikations- und Interaktionssituation mit subjektiven Deutungen durch die beteiligten Personen Lehrer und Schüler
- Klärung des bei der Qualitätsermittlung zugrunde gelegten Qualitätsverständnisses (Prozess, Produkt, Struktur, Orientierung)
- Klärung der zugrunde liegenden Präferenz für bestimmte Unterrichtsformen (Lehrergesteuerter Unterricht, Offener Unterricht, vom Lehrer und Schüler kooperativ gesteuerter Unterricht wie bei Projekten, vom Schüler allein und selbst gesteuerter Unterricht wie bei Forschungswerkstätten) und damit verbundene Unterrichtsmethoden zur Erreichung der für wichtig erachteten Qualitätskriterien
- Erläuterung des Forschungsschwerpunkts bei didaktischen Anforderungen, bei pädagogischen Anforderungen oder bei beidem
- Darlegung des wissenschaftsdisziplinären Zugangs: Untersuchung der Unterrichtsqualität aus der Perspektive der Allgemeinen Pädagogik, der Schulpädagogik, der Sonderpädagogik, der Sozialpädagogik, der Psychologie, der Soziologie, der Politikwissenschaft, der Medizin, der Rechtswissenschaft, der Anthropologie/Philosophie sowie aus der der Fachwissenschaften, die Hintergrund der Unterrichtsfächer sind

- Präzisierung der Forschungsfrage, der Hypothesen und Subhypothesen sowie der zu deren Beantwortung geeigneten Forschungsmethode; Begründung der Entscheidung über die forschungsorientierte Vorgehensweise, über Empirie oder Hermeneutik, über eine quantitative oder qualitative Datenermittlung sowie über die Art der in Aussicht gestellten Aussagen zum Unterricht (gewonnen über die Datenanalyse, die Datenaufbereitung und die Datenauswertung), die deskriptiv oder präskriptiv sein können
- Erklärung zum Einbeziehen der vom Lehrer erstellten Unterrichtsplanung in die Qualitätsermittlung des (durchgeführten) Unterrichts oder zum Verzicht darauf, ebenso ob die Lehrerselbstbeurteilung und die Schülerbeurteilung zur Unterrichtsstunde/Unterrichtseinheit einbezogen wird oder nicht
- Offenlegen der Protokollierungsform und ihrer spezifischen Auswertungsmöglichkeiten (z. B. Feldbeobachtung, nichtteilnehmende/teilnehmende Beobachtung, Wortprotokolle, transkribierte Videografien, teilformalisierte oder formalisierte Protokolle, narrative Protokolle).

Seit den letzten eineinhalb Jahrzehnten und unter dem Einfluss der internationalen Vergleichsstudien (z. B. TIMSS, PISA, VERA) orientiert sich die Feststellung der Unterrichtsqualität vorwiegend an den Outputs oder Outcomes des Unterrichts (Produktqualität), an dessen manifestierbaren und empirisch messbaren Erträgen. (Helmke 2009) Entsprechend dem derzeitigen Mainstream werden bei der Qualitätsermittlung des Schulunterrichts Inputs wie etwa die Lehrpläne/Richtlinien, die Lehrerausbildung, die Lehrerpersönlichkeit, die Raum- und Zeitkontingente in der Schule, didaktische Theorieorientierungen, pädagogische Vorstellungen zum erziehend-bildenden Auftrag der Gesellschaft an die Schule in Deutschland usw. nicht oder nur am Rande betrachtet; was mehr zählt ist das dem Angloamerikanischen entlehnte „Literacy-Konzept".

2. Qualitätskriterien

Die Frage „Was ist guter Unterricht?" wird von Schulpädagoginnen und Schulpädagogen unterschiedlich beantwortet, je nachdem wie sie Unterricht und Qualität vorverstehen und welche Aspekte von ihnen dafür als zentral erachtet werden. Beschränkt man die Qualitätskriterien nicht auf den erwähnten Mainstream, dann führt eine Synopse der divergierenden Ansätze zur folgenden Auflistung:

1. **Kriterium: Lehrerverhalten und Lehrerpersönlichkeit**
2. **Kriterium: Kontextbedingungen des Unterrichts**
3. **Kriterium: Umgang mit der Heterogenität der Schüler/Schülerinnen**
4. **Kriterium: Klarheit des Inhalts**
5. **Kriterium: Motivierung**

6. **Kriterium: Selbsttätigkeit**
7. **Kriterium: Strukturierung**
8. **Kriterium: Methodenvielfalt**
9. **Kriterium: Differenzierung und Individualisierung des Lernens mit Förderorientierung**
10. **Kriterium: Lernförderliches Klima**
11. **Kriterium: Ergebnissicherung**
12. **Kriterium: Transparenz bei den Leistungserwartungen**
13. **Kriterium: Hoher Anteil echter Lernzeit bei den Schülern**
14. **Kriterium: Effektives Klassenmanagement**
15. **Kriterium: Angemessen flexibles Agieren und Reagieren**
16. **Kriterium: Anspruch und Qualität des Lehr- und Lernmaterials**

Im Folgenden sollen die Autoren, die sich explizit der Frage nach der Unterrichtsqualität zugewandt haben, mit ihren Kriterienkatalogen kurz vorgestellt werden. Mehrere dieser Merkmalskataloge sind für Unterrichtsevaluationen zu Fragebögen weiterentwickelt worden (vgl. ISB: Externe Evaluation der Schulen), bei denen die einzelnen Kriterien operationalisiert und präzise als Lehrerverhaltensweisen/Lehrerhandlungen beschrieben wurden. Das macht es den hospitierenden Evaluatoren während der Unterrichtsstunde besser möglich, das Vorhandensein der Kriterien und ihren beobachteten Ausprägungsgrad zu erfassen („eher ja", „eher nein", „keine Angabe/möglich" oder „immer – oft – manchmal – selten – nie" oder „sehr stark – stark – mittel – schwach – sehr schwach ausgeprägt").
Die Übersicht zeigt allerdings auch, wie die Qualitätsfeststellung einerseits die Gütekriterien der Unterrichtsprinzipien übernimmt und sie andererseits um solche der (sich aus der Planung ergebenden) konkreten Unterrichtspraxis ergänzt.

Merkmale der Unterrichtsqualität (Helmke, 2009)

- Klassenführung
- Klarheit und Strukturiertheit
- Konsolidierung und Sicherung
- Aktivierung
- Motivierung
- Lernförderliches Klima
- Schülerorientierung
- Kompetenzorientierung
- Umgang mit Heterogenität
- Angebotsvariationen

Merkmale guten Unterrichts nach E. Terhart (2005)

Auf der Unterrichtsebene bedeutet Qualität

- einen möglichst hohen Zugewinn in der Lernleistung für alle Schüler zu erreichen und dabei zugleich die Streuung der Leistungen innerhalb der Lerngruppe möglichst zu reduzieren
- eine fördernde, unterstützende, klare Verhaltensregeln und Leistungsansprüche benennende Klassenatmosphäre zu schaffen
- eine Qualität des Lernens anzustreben, die (meta-)kognitive, sozial-emotionale und ästhetisch-expressive Dimensionen mit einschließt
- eine kompetente, sachgerechte und faire Form der Beurteilung von Schülerleistungen zu finden
- mit Kollegen aus dem gleichen Fach oder anderen Fächern an der Weiterentwicklung der eigenen Unterrichtsfähigkeiten zu arbeiten

Merkmale guten Unterrichts nach E. Terhart (2005)

Auf der Unterrichtsebene bedeutet Qualität

- einen möglichst hohen Zugewinn in der Lernleistung für alle Schüler zu erreichen und dabei zugleich die Streuung der Leistungen innerhalb der Lerngruppe möglichst zu reduzieren
- eine fördernde, unterstützende, klare Verhaltensregeln und Leistungsansprüche benennende Klassenatmosphäre zu schaffen
- eine Qualität des Lernens anzustreben, die (meta-)kognitive, sozial-emotionale und ästhetisch-expressive Dimensionen mit einschließt
- eine kompetente, sachgerechte und faire Form der Beurteilung von Schülerleistungen zu finden
- mit Kollegen aus dem gleichen Fach oder anderen Fächern an der Weiterentwicklung der eigenen Unterrichtsfähigkeiten zu arbeiten.

Faktoren des Unterrichts nach Ditton (2000)

Qualität

- Struktur und Strukturiertheit des Unterrichts
- Klarheit, Verständlichkeit, Prägnanz
- Variabilität der Unterrichtsformen
- Angemessenheit des Tempos
- Angemessenheit des Medieneinsatzes
- Übungsintensität
- Behandelter Stoffumfang
- Leistungserwartungen und Anspruchsniveau

Angemessenheit
- Angemessenheit des Schwierigkeitsgrades
- Adaptivität
- Diagnostische Sensibilität/Problemsensibilität
- Individuelle Unterstützung und Beratung
- Differenzierung und Individualisierung
- Förderungsorientierung

Motivierung
- Bedeutungsvolle Lehrinhalte und Lernziele
- Bekannte Erwartungen und Ziele
- Vermeidung von Leistungsangst
- Interesse und Neugier wecken
- Bekräftigung und Verstärkung
- Positives Sozialklima in der Klasse

Unterrichtszeit
- Verfügbare Zeit
- Lerngelegenheiten
- Genutzte Lernzeit
- Inhaltsorientierung, Lehrstoffbezogenheit
- Klassenmanagement, Klassenführung

Merkmale guten Unterrichts (nach Gräsel/Mandl, 2005)

- Lernprozesse aus der Schülerperspektive anregen und unterstützen
- situations- und inhaltsspezifische Methodenvielfalt
- Balance zwischen Konstruktion und Instruktion abwechselnd und aufeinander bezogen

Merkmale guten Unterrichts (nach Sacher, 2005)

- **Zielsetzungen guten Unterrichts**
  (Selbstständigkeit, Teamfähigkeit und soziale Kompetenz, Förderung und Unterstützung, Herausforderung der Schüler)
- **Günstige Lernbedingungen**
  (Ordnung und Disziplin, angenehme und entspannte Lernatmosphäre, günstige materielle Lernumgebung)
- **Gestaltungsmerkmale**
  Flexibilität und Variabilität, Strukturiertheit und Klarheit, Anregung, Gründlichkeit

Merkmale guten Unterrichts (nach Terhart, 2005)

- hoher Zugewinn an Lernleistung und Reduzierung der Streuung der Lernleistung in der Lerngruppe
- förderliche Klassenatmosphäre mit unterstützenden, klaren Verhaltensregeln und Leistungsansprüchen
- Lernen bei den Schülern, das (Meta-)Kognitives, Sozial-Emotionales und Ästhetisch-Expressives mit einschließt
- Weiterentwicklung der eigenen Unterrichtsfähigkeit im Team mit anderen Lehrern

Unterrichtsbeobachtungen des ISB (2010)

- Effizienz der Lernzeitnutzung
- Effizienz der Verhaltensregulierung
- Strukturiertheit der Darstellung
- Klarheit der Darstellung
- Individuelle Unterstützung
- Förderung selbstgesteuerten Lernens
- Förderung der Lernmotivation
- Sicherung des Lernerfolgs
- Förderung überfachlicher Kompetenzen
- Lernförderlichkeit des Unterrichtsklimas

Anhang

Literaturnachweis

Da wegen der leichteren Lesbarkeit auf direkte Zitate im Text des Buches verzichtet wurde, verzeichnet der Literaturnachweis die Schriften, auf deren Inhalt Bezug genommen wurde. Die erste Gruppe der Bücher befasst sich speziell mit Unterrichtsprinzipien und ist zum vertiefenden Literaturstudium empfohlen:

I.

Arnold, K.-H./Sandfuchs, U./Wiechmann, J. (Hrsg.) (2009): Handbuch Unterricht. Bad Heilbrunn (2. Aufl.)

Glöckel, H. (2003): Vom Unterricht. Bad Heilbrunn (5. Aufl.)

Glötzl, H. (2001): Prinzipien effektiven Unterrichts. Bd. 1 u. 2. Stuttgart

Kiel, E. (Hrsg.) (2008): Unterricht sehen, analysieren, gestalten. Bad Heilbrunn

Köck, P. (2001): Handbuch der Schulpädagogik. Donauwörth

Seibert, N./Serve, H. J. (Hrsg.) (2003): Prinzipien guten Unterrichts. München (7. Aufl.)

Schröder, H. (2000): Lernen – Lehren – Unterricht. München

Wiater, W. (1999): Vom Schüler her unterrichten. Donauwörth

Wöhler, K. (Hrsg.) (1979): Didaktische Prinzipien. München

II.

Aebli, H. (1993/1994): Denken: das Ordnen des Tuns. Bd. 1 u. 2. Stuttgart (2. Aufl.)

Aebli, H. (1996): Zwölf Grundformen des Lehrens. Stuttgart (9. Aufl.)

Arnold, M. (2001): Aspekte einer modernen Neurodidaktik. München

Bast, R. (1996): Kulturkritik und Erziehung. Anspruch und Grenzen der Reformpädagogik. Dortmund

Ballauff, Th./Schaller, K. (1970/1973): Pädagogik. Eine Geschichte der Bildung und Erziehung. Bd. 2 u. 3. Freiburg/Br.

Bischöfl. Schulamt d. Diözese Rottenburg-Stuttgart (Hrsg.) (1990): Marchtaler Plan. Bd. 1 u. 2. Rottenburg

Bönsch, M. (1995): Differenzierung in Schule und Unterricht. München

Bönsch, M. (1998): Üben und Wiederholen im Unterricht. München

Bruner, J. S. (1974): Entwurf einer Unterrichtstheorie. Düsseldorf

Ciel-Arbeitsgruppe Reutlingen (1974): Stücke zu einem mehrperspektivischen Unterricht. Stuttgart

Comenius, J. A. (1954): Große Didaktik. Hrsg. v. A. Flitner. Düsseldorf

Csikszentmihaly, M. (1987): Das Flow-Erlebnis. Stuttgart (2. Aufl.)

Cube, F. v. (1982): Kybernetische Grundlagen des Lernens und Lehrens. Stuttgart (4. Aufl.)

Dewey, J. (1946): Demokratie und Erziehung. Braunschweig

Ditton, H. (2000): Qualitätskontrolle und Qualitätssicherung in Schule und Unterricht. In: Helmke, A./Hornstein, W./Terhart, E. (Hrsg.): Qualität und Qualitätssicherung im Bildungsbereich. In: Zeitschrift für Pädagogik 41 (Beiheft), S. 73–92

Einsiedler, W./Härle, H. (Hrsg.) (1979): Schülerorientierter Unterricht. Donauwörth

Eisenhut, G./Heigl, J./Zöpfl, H. (19981): Üben und Anwenden. Bad Heilbrunn

Erikson, E. H. (1980): Identität und Lebenszyklus. Frankfurt/M. (6. Aufl.)

Ernst, H. (1993): Humanistische Schulpädagogik. Bad Heilbrunn

Festinger, L. (1957): A theory of cognitive dissonance. Stanford

Flammer, A. (1996): Entwicklungstheorien. Bern (2. Aufl.)

Ford, G. W./Pugno, L. (Hrsg.) (1972): Wissensstruktur und Curriculum. Düsseldorf

Gagné, R. M. (1969): Die Bedingungen des menschlichen Lernens. Hannover

Galperin, J. P. (1967): Die Entwicklung der Untersuchungen über die Bildung geistiger Operationen. In: Hiebisch, H. (Hrsg.): Ergebnisse der sowjetischen Psychologie. Berlin, S. 367 ff.

Gaudig, H. (1969): Die Schule der Selbsttätigkeit (1917). Hrsg. v. L. Müller. Bad Heilbrunn (2. Aufl.)

Gräsel, C./Mandl, H. (2005): Qualitätskriterien von Unterricht: Ein zentrales Thema der Unterrichts- und Lehr-Lern-Forschung. In: Apel, H. J./Sacher, W. (Hrsg.): Studienbuch Schulpädagogik. Bad Heilbrunn (2. Aufl.), S. 230–249
Gudjons, H. (2008): Handlungsorientiert Lehren und Lernen. Bad Heilbrunn (7. Aufl.)
Hart, L. A. (1998): Human Brain and Human Learning. Kent (4. Aufl.)
Heckhausen, H. (1989): Motivation und Handeln. Heidelberg (2. Aufl.)
Heckhausen, H./Gollwitzer, P. M./Weinert, F. (Hrsg.) (1987): Jenseits des Rubikon. Der Wille in den Humanwissenschaften. Berlin
Heiland, H. (1979): Motivieren und Interessieren. Bad Heilbrunn
Helmke, A. (2009): Unterrichtsqualität. Erfassen, bewerten, verbessern. Seelze (3. Aufl.)
Helmke, A. (2009): Unterrichtsqualität und Lehrerprofessionalität. Seelze-Velber (2. Aufl.)
Hempel, M. (Hrsg.) (1999): Lernwege der Kinder. Baltmannsweiler
Hentig. H. v. (1987): Das allmähliche Verschwinden der Wirklichkeit. Wien (3. Aufl.)
Hentig, H. v. (1996): Die Schule neu denken. München (9. Aufl.)
Herbart, J. F. (1965): Pädagogisch-didaktische Schriften. Hrsg. v. W. Asmus. Bd. 1–3. Düsseldorf
Institut für Schulqualität und Bildungsforschung (ISB) (2005): Qualitätssicherung an Bayerns Schulen. München
Kant, I. (1960): Über Pädagogik (1803). Hrsg. v. Th. Dietrich. Bad Heilbrunn
Keck, R. W. (1983): Unterricht Gliedern – Zielorientiert Lehren. Bad Heilbrunn
Kern, A. (Hrsg.) (1965): Die Idee der Ganzheit in Philosophie, Pädagogik und Didaktik. Freiburg/Br.
Kerstiens, L. (1991): Erziehungsziel: Humanes Leben. Bad Heilbrunn
Klafki, W. (1979): Das Problem des Elementaren und die Theorie der Kategorialen Bildung. Weinheim (4. Aufl.)
Klafki, W. (1996): Neue Studien zur Bildungstheorie und Didaktik (6. Aufl.)
König, E./Riedel, H. (1979): Unterrichtsplanung als Konstruktion. Weinheim
König, E./Riedel, H. (1979): Systemtheoretische Didaktik. Weinheim (4. Aufl.)
Kohlberg, L. (1974): Zur kognitiven Entwicklung des Kindes. Frankfurt/M.
Krüger, F. (1948): Lehre vom Ganzen. Bern
Kuhl, J. (1983): Motivation. Berlin
Lenk, H. (Hrsg.) (1977-1984): Handlungstheorien – interdisziplinär. Bd. 1–4. München
Lenzen, D. (Hrsg) (1980): Pädagogik und Alltag. Stuttgart
Lenzen, D. (Hrsg.) (1976): Die Struktur der Erziehung und des Unterrichts. Frankfurt/M.
Leontjew, A. N. (1977): Tätigkeit, Bewußtsein, Persönlichkeit. Stuttgart
Liedtke, M. (1991): Evolution und Erziehung. Göttingen (3. Aufl.)
Linde, G. (1984): Untersuchungen zum Konzept der Ganzheit in der deutschen Schulpädagogik. Frankfurt/M.
Macha, H./Solzbacher, C. (Hrsg.) (1996): Zur Aktualität des personalen Menschenbildes. Frankfurt/M.
Mager, R. F. (1971): Lernziele und Programmierter Unterricht. Weinheim (2. Aufl.)
Maslow. A. (1978): Motivation und Persönlichkeit. Freiburg (2. Aufl.)
Messner, H. (1978): Wissen und Anwenden. Stuttgart
Meyer, H. (2004): Was ist guter Unterricht? Berlin
Meyer-Willner, G. (1979): Differenzierung und Individualisierung. Bad Heilbrunn
Michael, B. (1983): Darbieten und Veranschaulichen. Bad Heilbrunn
Montessori, M. (1976): Schule des Kindes. Hrsg. v. P. Oswald/G. Schulz-Benesch. Freiburg/Br.
Oblinger, H./Kotzian, O./Waldmann, H. (1985): Grundlegende Unterrichtskonzeptionen. Donauwörth
Peterßen, W. H. (1994): Anschaulich unterrichten. München
Piaget, J. (1969): Das Erwachen der Intelligenz beim Kinde. Stuttgart
Piaget, J. (1972): Psychologie der Intelligenz. Olten (4. Aufl.)
Piaget, J. (1983): Meine Theorie der geistigen Entwicklung. Hrsg. v. R. Fatke. Frankfurt/M.
Prange, K. (1986): Bauformen des Unterrichts. Bad Heilbrunn (2. Aufl.)
Prell, S. (2000): Neue Didaktik: Die Integration von Diagnose und Evaluation im Unterricht. In: Seibert, N./Serve, H. J./Terlinden, R. (Hrsg.): Problemfelder der Schulpädagogik. Bad Heilbrunn, S. 231 ff.
Prenzel, M./Krapp, A./Schiefele, H. (1986): Grundzüge einer pädagogischen Interessentheorie. In: Zeitschrift für Pädagogik 32, S. 163 ff.
Püttmann, J. (1967): Das Prinzip der Ganzheit in der Pädagogik. München
Roth, H. (1973): Pädagogische Psychologie des Lehrens und Lernens. Hannover (14. Aufl.)
Sacher, W. (2002): Evaluation von Unterricht und Schülerleistungen. In: Apel, H. J./Sacher, W. (Hrsg.): Studienbuch Schulpädagogik. Bad Heilbrunn, S. 254–285
Sacher, W. (2009): Leistungen entwickeln, überprüfen und beurteilen. Bad Heilbrunn (5. Aufl.)

Sandfuchs, U. (1987): Unterrichtsinhalte auswählen und anordnen. Bad Heilbrunn
Schaal, B./Huber, F. (Hrsg.) (2010): Qualitätssicherung im Bildungswesen: Auftrag und Anspruch der bayerischen Qualitätsagentur. Münster
Scheibe, W. (1994): Die Reformpädagogische Bewegung. Weinheim (10. Aufl.)
Schröder, H. (1999): Theorie und Praxis der Erziehung. München (2. Aufl.)
Seitz, O. (1995): Anschauung: Der sinn-volle Unterricht. In: unterrichten/erziehen, S. 4–5
Staatsinstitut für Schulqualität und Bildungsforschung (ISB) (2010): Qualitätssicherung an Bayerns Schulen. Donauwörth
Steindorf, G. (2000): Grundbegriffe des Lehrens und Lernens. Bad Heilbrunn (5. Aufl.)
Strehler, A. (1951): Der Ganzheitsgedanke im Unterricht. Ansbach
Terhart, E. (2005): Unterrichtsqualität. Weinheim
Vester, F. (1998): Denken, Lernen, Vergessen. München (Neuaufl.)
Waibel, E. M. (1998): Erziehung zum Selbstwert. Donauwörth (2. Aufl.)
Watzlawick, P. (Hrsg.) (1985): Die erfundene Wirklichkeit. München
Watzlawick, P./Beavin, J. H./Jackson, D. (1974): Menschliche Kommunikation. Bern (4. Aufl.)
Weber, E. (1999): Pädagogik. Bd. 1, T. 3. Donauwörth
Weinert, F. (Hrsg.) (1996): Psychologie des Lernens und der Instruktion. Göttingen
Wellek, A. (1955): Ganzheitspsychologie und Strukturtheorie. München
Wiater, W. (1997): Rezeptionsgeschichtliche Studien zur Reformpädagogik. München
Wiater, W. (2010): Unterrichten und Lernen in der Schule. Donauwörth (2. Aufl.)
Wygotsky, L. S. (1964): Denken und Sprechen. Berlin
Ziegenspeck, J. W. (1999): Handbuch Zensur und Zeugnis in der Schule. Bad Heilbrunn
Zimbardo, Ph. G. (1992): Psychologie. Berlin (5. Aufl.)

Auer
Didaktik
Werner Wiater
Theorie der Schule
Prüfungswissen – Basiswissen Schulpädagogik

Einführung in grundschulpädagogisches Denken
Der Praktikumsbegleiter
Unterrichtsgestaltung in der Grundschule
Ein Handbuch